大展好書　好書大展
品嘗好書　冠群可期

大展好書　好書大展
品嘗好書　冠群可期

中華傳統武術
24

彈腿拳

大展出版社有限公司

武兵 著

作者簡介

武兵，武術學者，北京武兵武術學堂主講，中國共產黨黨員。北京體育大學畢業，中國武術段位高段，國家級裁判，高級教練，兩翼拳第5代傳人。歷任山西省大同市武術培訓中心總教練，大同市體育運動學校武術套路、散打總教練，大同市武兵武術學校校長兼總教練，北京體育大學成教部散打主教練，北京航空航太大學北海學院武術教授等職。

出生於武術世家，歷經武術界多位名家指導，勤修靜悟，分別在國內、國際各類大賽中榮獲武術套路、武術散打冠軍24個。

在全國武術專業雜誌《武當》《少林與太極》《中華武術》《武魂》《武林》《精武》《搏擊》《拳擊與格

鬥》《武術家》《文武中國》《全球功夫》等刊物發表了300餘篇武學作品，並多次榮獲全國武術有獎徵文大獎。

分別在北京體育大學出版社、人民體育出版社、山西科學技術出版社及臺灣大展出版社出版武學專著16本及VCD和DVD教學光碟多張。

前 言

傳統武術是中國武術的重要組成部分，其紮根於民間，具有濃郁、古樸的武術神韻，是武術寶庫中的精華。

隨著「世界傳統武術錦標賽」「全國傳統武術比賽」及「CCTV-5武林大會」的舉辦，傳統武術得到了重視與發展。當下，中國武術要深化「大武術觀」的認識，樹立大武術觀念、營造大環境、形成大團結、推動大發展。

在大力弘揚中國傳統武術之際，爲迎合大武術的發展，滿足國內外眾多酷愛傳統武術練習者的需求，現將筆者鑽研、習練多年的中國傳統武術撰寫成「中國傳統武術名拳系列」。該套書所介紹的名拳，都是經國家武術院審核，按照「源流有序、拳理清晰、特點突出、自成體系」的16字方針，認定流傳各地的129個武術拳種中的精品。

「中國傳統武術名拳系列」共有5本，分別是《八極拳》《劈掛拳》《彈腿拳》《少林拳》《南拳》，單本成冊，每本圖書都力求做到圖示精確，文字精準，透過圖文並茂的形式來激發讀者和學練者的學習興趣。

寫作風格獨特，分別從拳術概述、拳術精華功法、拳術套路展示、拳術技擊解招、拳術拳理通覽及拳術學練指點等方面加以闡釋和表現，整套叢書縱橫交錯、精言細理地呈現傳統武術，讓讀者一看就懂，一學便會。

受校訓「追求卓越」的耳濡目染，以及相伴著「一生只做武術人」的志向，筆者欲把所撰之圖書創作爲精品，於是，在創作過程中時有感動，感動於武術本身，也感動於武術之外。但因自身的武學境界所限，也許會書不盡言，言不盡意，還望廣大行家裡手多加斧正。

一部好的武術專著，對於傳承武術意義重大。作爲武術人的筆者，心存夙願，能文能武是我畢生的追求，面對「文者不武，武者不文」之現狀，始終按捺不住創作的衝動。雖說衝動是魔鬼，但在創作中，這種衝動是必需的。帶著創作的衝動，去引爆創作的激情；帶著激情去創作，其作品必定是有血有肉的。筆者會不斷地努力，力爭寫出更多的武學作品，以饗讀者。

成書之際，特別要感謝王天增、武萬富、王祖金、白枝梅、王宏強、武冬、于三虎、伍軍紅、劉一鳴、武晨希和武喆或等，沒有他們一直以來的關心、支援和幫助，就沒有這套叢書的面世。

作 者

目　錄

彈腿拳

第一章
彈腿拳概述

第一節 彈腿拳的起源與發展

一、彈腿拳簡述

彈腿拳又稱「彈腿」「潭腿」，同屬於長拳類別的拳種，在中國武術界素有「南拳北腿」之說，而「北腿」之名拳則包括彈腿和潭腿等主要內容。

彈腿拳是中國比較古老的拳種之一，是以屈伸性腿法為主，結合步法、手法、身法等，歷經長期發展演變而成的一種北派傳統武術大流派，是初學武術的門徑，是技擊昇華的大道。其動作舒展順達，自然合體，古樸實用，剛勁有力，素有「北腿之傑」的美稱。

彈腿拳適合集體或個人進行演練。其內容豐富，功法繁多，拳械齊備，涵蓋了眾多的武學精華，為古今眾多拳家所青睞。

彈腿拳拳諺有：「練拳不練腿，必是冒失鬼。」「彈腿四隻手，人鬼見了都發愁。」「彈腿十路拳，武藝裡面全。」「從南京到北京，彈腿出在教門中。」「手是兩扇門，全憑腿打人。」「潭腿四隻手，誰遇都發愁。」現

今，最有影響力的彈腿主要為臨清潭腿、精武潭腿、教門彈腿、少林彈腿、通備彈腿、六合潭腿及彈腿對練（也稱「對接彈腿」）等。

彈腿、潭腿除徒手拳術外，還有連環刀、萬勝刀、春秋刀、陰手槍、六合槍、八寶槍、撲鉤、燕翅鐋、檀木橛及許多稀有器械如截爪鐮、牛頭鐋等，以及短拳對打、單刀進槍、雙刀進槍、三節棍進槍、三節棍進梢子棍、大刀進槍、白手奪刀等。

十路彈腿和十二路潭腿，音同字不同，拳蹚路數不同，但內容大同小異。腿法主要包括彈、蹬、踢、騰空箭彈、側踹腿等。基本步型有弓、馬、仆、歇、虛。手法有衝、壓、格、劈、砸、穿、撩等。

彈腿踢腿後有疾速收回與稍停即控之變化，發腿也有高於襠位與低與脛位的區別，如通備彈腿要求出腿後疾速收回，其餘各種彈腿皆是出腿後稍停即控。十路彈腿勢低腿平，腿高於襠位；十二路潭腿勢高腿低，腿高與脛位，不超過膝，所以又稱「寸腿」。

在練習套路時，初學之時切不可一味追求動作的快捷，而應先將拳術的一招一式練到準確、流暢，而後再加速練習拳術。

總之，現在流傳的彈腿、潭腿都是以腿功見長，結合手型、手法、步型、步法等組成的徒手套路。其一路一法，左右對稱，拳勢古樸，功架完整，剛勁有力，節奏明快，意氣相合，精神飽滿，不失為一種打基礎、增長功夫的優秀傳統武術拳種。

彈腿拳之所以廣泛傳播於武林，有以下兩大原因：

（1）注重下盤功夫的修煉及腿法的展示，行拳走架樸實無華，舒展大方，動力定型功效極強，有利於練習者功力的增長。

（2）左右均衡練習，周身協調發展，招式易學好練，攻防簡捷實用，適合大眾學者，極具科學性。

二、彈腿拳的發展

（一）潭 腿

潭腿又有臨清潭腿、精武潭腿和六合潭腿之分。

1. 臨清潭腿

唐朝滅亡之後，中國歷史再一次進入了大割據時代。在北方廣大地區，軍閥混戰的結果是先後出現了後梁、後唐、後晉、後漢和後周五個較強大的王朝。與此同時，南方各地又陸續並存過九個較小的割據政權，即吳、南唐、吳越、楚、前蜀、後蜀、南漢、南平及閩等九國，北方河東地區則有北漢勢力，史稱「五代十國」。

宋朝是中國民間武術的繁榮時期，此時已出現了有文獻記載的套路，各種武術套路迅速湧現。臨清潭腿正是始創於五代後期、宋朝初期，傳至明清達到了興盛時期，後相繼又傳入海外，至今已有一千多年的歷史，創始人為五代後期後周名將崑崙大師（姓名已無從考查）。

大師當時奉命遠征，在此期間後周大將趙匡胤發動了

歷史上有名的「陳橋兵變」，黃袍加身，建立了宋朝。此時大師雖忠於後周，但見大局已定，大勢所趨，自知已回天乏力，迫於無奈，當即解散軍隊，「自焚」隱身，在山東臨清縣（今劃歸河北省）龍潭寺（臨西縣尖塚鎮龍潭村）隱姓埋名，削髮為僧，遁入空門，法號崑崙，後人尊為崑崙大師。

崑崙大師身懷武術絕技，精通醫術，當時，大師見世上所習的武功多偏重於拳法，而失之於腿法，為補填缺憾，於是將自身武學與醫術精心共熔一爐，合成一體，研創出內外兩功並用的重腿功、善腿法的武術——臨清潭腿。後在龍潭寺內立門收徒，以繼傳承。

臨清潭腿創立並傳播之後，很快贏得了武林界的認可。宋朝以前，中國的武術並無門派之分，至宋朝初年宋太祖趙匡胤集合了眾多武林高手進行比武，選出了十八家最好的武術，定名為宋朝十八家，中國武術由此正式開始有門派之分，據說彈腿當時被列為十八家之首。後來，趙匡胤又精選出六大名拳，有彈腿、串拳、大洪拳、小洪拳、華拳和少林拳，彈腿仍為六家之首。

關於臨清潭腿在《武備志》中也有記載：

「趙匡胤初年，在長沙舉行了全國性大規模的各派武術大會。趙氏『太祖拳』因具有政治優勢，捷足先登了第一名的寶座，第二名便是崑崙大師的臨清潭腿。從此『南拳北腿』的說法便流傳開來，名滿天下，臨清十路潭腿不脛而走。」

臨清潭腿的「潭」字是有講究的，是借用了發源地臨

清龍潭寺的「潭」字所命名。對潭腿門弟子來說，取「潭」字還有另外一個含義，是因為「潭」字左邊是水字偏旁，表明練武之人必須多流汗水，右邊是由「西」「早」二字組成，則寓意為練武之人必須起早貪黑、勤學苦練才能學有所成。

2. 精武潭腿

精武潭腿也就是十二路潭腿，以當時精武會成員河北景縣人趙連和先生所傳套路最為出名，他還著有《潭腿》一書。精武潭腿是精武會的傳統功法，也是精武會學員的必修內容，主要的傳播管道是在上海的精武會。此時的潭腿已有改動，但大體相近。

創始人霍元甲本人也是一位潭腿高手，也正是從他開始，盛行於北方的潭腿開始在南方流傳，以至隨著精武會的推廣而走出國門，遠傳南洋各國的華僑華人之中。

1910年舉辦的第一屆精武技擊運動會上，已有潭腿出現。此拳動作結構簡單，拳勢易教易學，頗重腿法，是一種入門基礎功法，練習時講究力到定點，勁有所掣，手法靈活，即發聲響，最易振奮人的精神。

3. 六合潭腿

六合潭腿是劉震南傳習於上海的十二路潭腿，當時師從劉震南習練潭腿者有朱國福、唐豪（著名武術史學家）、周啟明、劉守銘等。1933年，由朱國福、呂光華合編，大東書局出版了《六合潭腿》一書，朱國福編寫此書時為中

央國術館教務長。

（二）彈 腿

彈腿又有教門彈腿、少林彈腿、通備彈腿和六路彈腿之分。

1. 教門彈腿

教門彈腿也就是十路彈腿，是崑崙大師晚年弟子所傳派系，當年弟子多屬於臨清本地的清真教，又稱回教，故名教門彈腿。

之所以取「彈」字，一是區別於潭腿的練法，二是取其發腿迅猛異常，有快如彈丸飛出的彈射之意。以山東于振聲等傳授的教門彈腿最為有名，國術館則是主要的傳授管道。當時為了從學者的速成，多重視外功，少了一些內功的修煉。在練法上稍有變動，在套路功架上也有相應的改動，屬於中上盤腿法。

教門彈腿講究靈活機敏，以求開展，雖然踢腿練習時，同樣離地支撐腿不彎曲，但比正宗低盤潭腿法較為省力。教門彈腿在練法上則講究所謂的高踢矮勢，就是練習時腿要踢平，但實際應用中要低踢，透過高踢來擴展髖部關節的柔軟性與靈活性。

據記載，1921年近代彈腿名家吳志青所著《教門彈腿》一書的出版，是「教門彈腿」一詞在近代武術界的首次出現。現代武術家張文廣也著有《彈腿》一書。

2. 少林彈腿

少林彈腿是臨清潭腿傳至明清時期的產物。當時的臨清潭腿已名滿天下，天下武林志士紛紛慕名到龍潭寺拜訪、學武。

明正德年間，河南嵩山少林寺方丈相濟大師久聞臨清潭腿技藝高深，特地到山東臨清龍潭寺拜訪。當時臨清潭腿已傳至第七十二代弟子躍空大師，兩位大師一見如故，彼此仰慕對方的技法，便相互學練傳教，以留作紀念。由於羅漢拳和臨清潭腿分屬於不同的功法門類，相濟大師就在少林寺絕學羅漢拳的基礎之上，將臨清潭腿按照羅漢拳的拳理功法加以改動，並又增加了兩路腿法，就成了如今的少林十二路彈腿。

少林彈腿有兩套，一套是十二路彈腿，是對外的；一套是秘而不傳的二十四路彈腿，是由釋德根傳下來的。二十四路彈腿一去一回是一趟，每趟去時踢低腿，不過膝；回時踢高腿，齊腰平。

和其他彈腿的區別主要是，彈踢出去的腿腳尖向側面，且腳外側向前，腳是由後向前斜踢出去的，力點在腳外側，這樣腳趾和踝部就不容易受傷，並且帶了一種斜力，起到了一定的技擊效果。

3. 通備彈腿

通備十趟彈腿，以馬氏通備一門所傳授為主，與其他彈腿的主要區別仍是在勁力與身法上，突破了教門彈腿求

順求穩、橫平豎直的相對簡單的勁法，注入了開合、吞吐、起伏、擰轉的通備勁法，在一定程度上加大了彈腿拳的難度。

特別是在起勢和收勢的動作中，融入了通備拳的單劈手與滾臂動作，使之在操肩、操腰方面具有獨到之處，體現了通備十蹚彈腿與眾不同的獨特風格。

4. 六路彈腿

六路彈腿是在教門彈腿即十路彈腿的基礎上簡化而成的，意在使初習者更容易習練。

十路彈腿發腿與襠平，十二路彈腿發腿不過膝，六路彈腿是在上述兩種彈腿的基礎上加以簡化而成的。

由於沒有系統的、明確的關於彈腿、潭腿拳史源流的記載，近代許多作者撰寫關於潭腿、彈腿專著時都避開源流不講，如1917年上海中華圖書館出版的何光銳的《基本拳術潭腿圖說》，1919年《精武本紀》所收汪兆銘的「潭腿序」，1919年上海中國圖書館出版的王懷琪、吳志濤的《雙人潭腿圖解》，1949年上海中西書局出版的金倜生的《潭腿圖譜》等書，對潭腿源流均未做出明確的記述。

1923年出版的《國技大觀》中，收錄了精武會創始人之一盧煒昌所著的《潭腿精義》，其中也不曾提及潭腿源流，顯然也是避開了說不清的源流問題。

民國高官褚民誼在其《國術源流考》一書中，在沒有提供任何證據的情況下，說彈腿就是戚繼光《拳經》中所說的「山東李半天之腿」，如此不著邊際的附會之談竟會

出自一位政界名流之口，可見，當時武術界依託附會之風很盛，各種奇談怪論也就不足為怪了！

三、彈腿拳的現狀

隨著冷兵器時代的結束，如今的傳統武術缺少了「用武之地」。市場經濟條件下，武術拳師和武術愛好者很難再以「教武術當飯吃」。

傳統武術的價值觀和審美觀受到了極大的衝擊，傳統武術的發展現狀令人堪憂！

在經濟全球化的今天，人們不再重視傳統武術。西方競技體育對傳統武術也產生了很大的衝擊，人們在體育項目的選擇上會更偏向於短期效果明顯的西方體育項目。

有學者認為，「當傳統武術傳人為了生計而四處奔波時，傳承武術就會被放在了次要的地位。在缺乏相關政策與資金扶持的情況下，傳統武術的傳承紐帶表現出了明顯的脆弱性」。

當下，國家對於傳統武術拳種的保護遠遠不夠，僅靠非物質文化遺產擔負此任可謂杯水車薪。

今天，各種傳統的彈腿拳套路早已從武術競賽和武術表演的場地上消失，取而代之的是那些「花樣武術」，武術出現了「武不再武」「唯舞獨尊」的怪象。

所以，我們要為傳統武術吶喊，彈腿、潭腿的門人們，要風雨同舟，敢於擔當，保護國粹，齊心協力弘揚傳統武術，使之光大傳世！

第二節　彈腿拳的特點與要領

一、彈腿拳的特點

中國武術素有「南拳北腿」之說，「北腿」則以彈腿、潭腿等為主要代表。彈腿、潭腿的套路特點多為一路一法，以低勢下盤功夫為主，注重腿法，且腿法多變。發腿疾速，上下盤同步出擊，配合協調，手腳相應，勁力順達，力達梢節。

彈腿拳結構簡潔嚴謹，功架完整，招式多變，動作遒勁，疾速剛爆，攻防合一，拳勢古樸，勢正步穩，技簡法宏，節奏明快，短小精悍，簡便易學。

彈腿拳講究「拳打三分，腿踢七分」，下肢多彈蹬快猛，上肢多劈砸有力，講究實用，充分利用了腿長力大的特點。

二、彈腿拳的要領

彈腿拳演練時，在身法上要求首領中正，主宰於腰，挺胸塌腰，背直腹收，提氣斂臀，鬆肩活肘，合膝裹胯。做到身動似龍形，步法似蛇形，行走似貓行，肩胯活如輪，兩臂動如蛇。

要體隨勢變，身法自然、靈活，步法輕重自如，快巧、穩健，不掀腳、不拔跟，使身體穩固，故有「步不穩則拳亂，步不快則拳慢」的說法。

眼隨手動，目隨勢注，精神飽滿，氣勢連貫，意氣相合，「三節」順達。勁力充實，氣爽神清，要求手、眼、身、步協調一致，內意外功合於一體。

彈腿拳出手發力由脊出，出腳發力從臀出。手腳並用，踢打連環，乾淨俐落，周身協調。出腿快如風，落腳穩如釘，「拳似流星眼似電，腰似蛇形腿似鑽」。做到巧打狠擊，出奇制勝，調氣運勁，剛柔鬆緊。步法穩健，身體傳神，矯健有力，三盤齊全。左右開練，反覆循環，氣沉勢穩，彈韌相兼。威而不猛，柔而有力，剛中有柔，剛柔相濟，快慢疾徐，節奏分明。

彈腿拳在技擊上強調以腿為先，以步帶腿，步中有腿，以達到「手似兩扇門，全靠腿打人」的境界。出拳起腿要做到彈、脆、剛、疾、準，令對手防不勝防。重點是在功力上的培養與發揮，強調威則能動，逼則能用，以簡克繁，以逸待勞，攻缺擊要，巧打擊梢，出奇制勝。

彈腿拳演練時，要求不論拳腳、器械都是手足並練，拳腳同功，輕鬆飄灑。二目平視，叩齒含頜，舌抵上齶，津液下咽，氣沉丹田，內外相合，目傳神光，呼吸自然，含虛抱氣，氣不亂散。

講的是伸縮吞吐之功、陰陽頓挫之法。做到功在於內而形領於外，蓄精育氣，氣意雙融。

第三節　彈腿拳歌訣與名稱

一、潭腿歌訣

1. 臨清潭腿歌訣

崑崙大師正宗傳，留下潭腿十路拳，

一路順步單鞭勢，二路十字起蹦彈，

三路蓋馬三捶勢，四路斜踢撐抹攔，

五路栽捶分架打，六路勾劈各單展，

七路掖掌勢雙看，八路轉環剁子腳，

九路捧鎖陰陽掌，十路飛身箭步彈。

學者莫嫌勢架單，奧妙精深在裡邊。

多練多看問根源，學會護身和壯膽。

內外兩功並同時，消除一切病根源。

一踢一打增氣力，勤學苦練最為妙。

學者練到貫通處，伸手還招就佔先。

2. 精武潭腿歌訣

一路弓步衝拳一條鞭，二路左右十字蹦腳尖，

三路翻身蓋打劈砸式，四路撐搻穿撩把腿彈，

五路護頭架打掏心拳，六路仆步雙展使連環，

七路單展貫耳腳來踢，八路蒙頭護襠蹦兩邊，

九路腰間碰鎖分兩掌，十路空中箭彈飛天邊，

十一路勾掛連環機巧妙，十二路披身伏虎反華山。

3. 六合潭腿歌訣

頭蹚絕掛一條鞭，二蹚十字繞三尖，

三蹚劈紮倒掖犁，四蹚撐滑人難當，

五蹚五花炮拳跟著走，六蹚接攔帶點腿，

七蹚晃拳帶晃腿，八蹚硬打硬闖不放鬆，

九蹚連環陰膛腿，十蹚見蹚不見蹚。

十一蹚勾掛連環掃堂腿，十二蹚犀牛望月轉回還。

二、彈腿歌訣

1. 教門彈腿歌訣

崑崙大師正宗傳，彈腿技法妙無邊，

頭路衝掃似扁擔，二路十字巧拉鑽，

三路劈砸倒拽犁，四路撐滑步要偏，

五路招架等來意，六路進取左右連，

七路蓋抹七星式，八路碰鎖跺轉環，

九路分中掏心腿，十路叉花如箭彈，

世人莫看法式單，多踢多練知根源。

2. 少林彈腿歌訣

潭腿本是宋朝傳，出在臨清龍潭寺，

臨清潭腿共十路，十一十二少林添，

頭路出馬一條鞭，二路十字鬼扯鑽，

三路劈砸車輪勢，四路斜踢撐抹攔，

五路獅子雙戲水，六路勾劈扭單鞭，

七路鳳凰雙展翅，八路轉金凳朝天，

九路擒龍奪玉帶，十路喜鵲登梅尖，

十一路風擺荷葉腿，十二路鴛鴦巧連環。

3. 通備彈腿歌訣

一路順步似單鞭，二路十字蹦腳尖，

三路滾劈貫上下，四路繃點撐抹剪，

五路繃拳滾肘勢，六路抹打摘心拳，

七路纏攔連環腿，八路劈掛迎門箭，

九路繃鎖穿胸臟，十路躍步飛箭彈。

4. 六路彈腿歌訣

頭路衝掃似扁擔，二路十字繃腳尖，

三路劈砸夜行犁，四路摔紮左右盤，

五路招架等來意，六路盤式是單展。

三、彈腿拳名稱

1. 迷蹤拳十二路彈腿名稱

古拳譜記載迷蹤拳：「根系山東兗州府，蔓延河北滄州城，岱嶽孫通尋武師，投奔兗州學迷蹤，藝成尊師訪高友，大江南北走遍城，廣征博採藝大進，又入少林演武廳，三番五次再改進，爐火純青集大成，回鄉探師逢師

妹，切磋武功動刀兵，誤傷師妹張玉蘭，愧對恩師無自容，外走他鄉傳武藝，最後定居滄州城（現姚官屯），繼續收徒數百個，從此迷蹤滄州生。」

第 一 路：單鞭式

第 二 路：十字腿

第 三 路：單展

第 四 路：纏脖

第 五 路：撐摩

第 六 路：撩打

第 七 路：挫掌

第 八 路：懷中抱月

第 九 路：摘拳

第 十 路：扁踹

第十一路：劈掛掌

第十二路：抽鞭打虎式

2. 少林秘傳二十四路彈腿名稱

第 一 路：腰拳

第 二 路：盤肘

第 三 路：纏腕

第 四 路：雙風貫耳

第 五 路：進肘

第 六 路：撩陽衝咽

第 七 路：臥枕

第 八 路：小提鞋

第 九 路：連三錘
第 十 路：單風貫耳
第 十一 路：俊鳥穿林
第 十二 路：硬踢腿
第 十三 路：雙撅
第 十四 路：沖天炮
第 十五 路：扇扒踢
第 十六 路：劈腿
第 十七 路：斜形
第 十八 路：單叉掌
第 十九 路：跳踢
第 二十 路：絞踢
第二十一路：雲頂
第二十二路：雙叉手
第二十三路：架打
第二十四路：後蹬

3. 心意彈腿名稱

心意彈腿，手腳上下配合，多用低位暗腿，起腿隱蔽快速，崇尚勁力，招式多變，具有鮮明的心意特徵。

第一路：十字腿
第二路：團團轉
第三路：一條鞭
第四路：鬼拉鑽
第五路：劈打

第六路：過步劈打

第七路：大鵬展翅

第八路：分水貫耳

第九路：勾掛

第十路：二起腳

第四節　近代彈腿名家介紹

一、霍元甲

霍元甲（1868—1910），祖籍河北省東光安樂屯（屬滄州地區），清末著名愛國武術家。世居天津靜海小南河村，今屬天津市西青區南河鎮。

2009年1月18日，為紀念霍元甲這位名震中外的愛國武術家，經天津市民政局審核並報天津市人民政府批准，其故鄉天津西青區南河鎮更名為精武鎮。

霍元甲出身鏢師家庭，兄弟三人，他排行第二。父親霍恩第以保鏢為業，武藝高強。霍元甲武藝出眾，又仗義執言，繼承家傳「迷蹤拳」絕技，先後在天津和上海威震西洋大力士，是一位家喻戶曉的民族英雄，他的一生雖然短暫，但卻轟轟烈烈，充滿傳奇色彩，有多部影視作品描述過他的事蹟。精武彈腿是霍元甲精武體育會的傳統功法。

霍元甲幼年體弱，在27歲以前基本上生活在故鄉，時常挑柴到天津去賣。28歲後到天津當碼頭裝卸工，後來升

作管事。還在懷慶藥棧當過幫工,在藥店幹活期間,他能挑動千斤藥材,力推兩個大青石碌碡,人們送了他一個「霍大力士」的綽號,後又升任掌櫃。

1890年秋天,霍元甲打敗了一個找上門來比武的武師,有了「武藝高強」的名聲。由於霍元甲喜歡行俠仗義,逐漸在天津一帶有了名氣。

1901年,有一個俄國大力士來到天津擺擂,自稱是「世界第一大力士」,打遍中國無敵手,說什麼「病夫之國」如有能者,可登臺較量。霍元甲在台下哪裡還坐得住,一個箭步跳上擂臺,開門見山地說:「我是『東亞病夫』霍元甲,願在這臺上與你較量。」此時翻譯將霍元甲生平來歷告知了這個俄國人。

俄國人聞知霍元甲威名,不敢怠慢,連忙將霍元甲讓進後臺,霍元甲當場斥責俄國人:「為何辱我中華?」並提出三個條件:一是登廣告去掉俄國人是「世界第一」的說法;二是要俄國人公開承認侮辱中國,並向中國民眾賠禮道歉;否則就是第三個條件:我霍某要與之決一雌雄,並命其立即做出決定,色厲內荏的俄國大力士哪敢出場比武,只好答應了前兩個條件,甘願登報更正自己不是「世界第一」,並公開承認藐視中國人是個錯誤,然後灰溜溜地離開了天津。

1909年冬,上海來了一個英國大力士,他設擂污辱中國是「病夫之國」,民眾是「東亞病夫」。霍元甲應上海武林友人之約來到上海,為雪病夫之恥與英國大力士約期比武。英國大力士先以萬元押金作為要脅,後又把比武時

間拖到次年的六月進行。賽前霍元甲用英文刊登廣告，文曰：「世人譏中國為病夫國，我即病夫國中一病夫，願與天下健者從事！」並聲明「專收外國大力士，雖有銅筋鐵骨，無所憚焉！」比武那一天，英國大力士早已被嚇得逃之夭夭了。霍元甲威震俄、英大力士，為中華民族雪洗了「東亞病夫」之恥，鼓舞了中華民眾之志氣，為億萬同胞所欽佩、仰慕。

從此，上海掀起了習武熱潮，各大學校邀請霍元甲去講習武術。

1910年6月1日，霍元甲在朋友的幫助下，在上海創辦了中國精武體操會，後改名精武體育會，為發揚中華武術做出了巨大的貢獻。

在尋求救國的道路上，霍元甲邁出了很不容易的兩步，第一步是打破家規，開始收外姓人為徒。因為霍家是七代家傳絕技迷蹤拳，向來是不傳給外姓人的，為救國他破了家規；第二是把迷蹤拳改為迷蹤藝，讓花哨的套路變得更實用，以便讓人們能夠儘快掌握要領，學會防身。

孫中山先生對霍元甲將迷蹤拳公之於世的高風亮節非常贊許，並對霍元甲「以武保國強種」的膽識給予了很高的評價。在精武會成立10周年之際，他親臨大會，親筆題寫了「尚武精神」四個大字，以示對霍元甲的紀念。

二、王正誼

王正誼（1844—1900），生於直隸河間府故城縣（今河北省河間市故城縣），祖籍關東。因在家排行第五，自

幼學武，為人俠義，雙臂有超人之力，善使單刀和雙鏢，能左右連發，名盛江湖，人稱「大刀王五」。

王正誼從小在滄州拜名師學藝。他學習的各種套路、器械樣樣精通，尤以雙刀馳名，師傅料定王正誼日後必定會大有作為，所以也是傾盡了所有心血來教授這位弟子。經過幾年的勤學苦練，王正誼練就了一身好武藝。1868年，24歲的王正誼辭別了恩師，輔助師兄押鏢，行走於長城內外、大江南北，結交了很多的朋友。

1875年，王正誼來到北京，先是做鏢師，後經過幾年的努力和同仁相助，在北京崇文區西半壁街開辦了順源鏢局，幾年的時間就發展到了相當的規模，資產有前後兩大個院，房屋40多間，鏢師50多人，已躋身於京城八大鏢局之列。許多商賈慕名而至，聘其鏢師看家護身，押送金銀、綾羅綢緞、珠寶、皮毛、參茸等名貴物品，興盛至極。

王正誼的鏢局日見紅火，「大刀王五」已威名遠播，這時許多羨藝者都登門求藝。但王正誼牢記師訓，不圖虛名，或好言推辭，或提議另投他門，拒不收徒，只專心經營鏢局，嚴格從業規範，盡力滿足雇主要求，遇險奮力退賊，遇走投無路者解囊相助。很短的時間就在同行中聲名鵲起，北到遼沈，南至湘鄂，東自江浙，西至陝晉，見鏢旗上有「王五」二字，無人敢犯，「任俠之流皆奉為祭酒，於是有大刀王五之稱，大刀者，非以刀名，人以此尊之耳。」

後與譚嗣同交往甚密，乃清末戊戌變法的積極支持

者。1900年八國聯軍攻陷北京，捕殺愛國拳勇，王正誼被聯軍所殺。

三、王子平

王子平（1881—1973），近代彈腿名家，全能武術家。河北省滄縣人，回族，生於窮藝人之家，祖父以皮條、杠子聞名，其父有「粗胳膊王」之稱。王子平自幼苦練武功，除武術、摔跤、舉重外，凡有益於拳術練功者，如杠子、皮條、扯旗、跳繩、踢毽子、游泳、騎射等，莫不研習，因此被譽為全能武術家。

1901年曾在山東濟南逮住飛轉磨石而以力大聞名，人稱「千斤王」。

1918—1921年間，曾多次與外國大力士比武，大獲全勝，名噪武術界。

1918年春，在北京擂臺上一舉擊敗俄國大力士康泰爾，後又在濟南摔倒日本柔道好手宮本。美國大力士阿拉曼和柯芝麥等也曾先後被王子平擊敗。王子平用彈腿的衝、掃、踢、蹬、蓋、捶、劈、打等絕招，打敗了俄、英、德等國的大力士，為中國人長了志氣。

1928年，中央國術館聘請王子平為少林門門長。新中國成立後，王子平當選為中國武術協會副主席，中華全國體育總會委員，有《拳術二十法》《卻病延年二十勢》等著作問世。

1960年，王子平曾隨周總理訪問緬甸，任中國武術團總教練。

四、馬永勝

馬永勝（1885—1959），山東聊城（今山東東昌府區）人，是傳授聊城教門彈腿最有影響力的武師。少時，拜武術名師學習查、華派武功，經勤學苦練，功夫日深，拳械技法運用之妙為同行推崇，尤其牆上掛畫功夫更是令人歎為觀止。

馬永勝不僅在聊城會同其他的武師普及教門彈腿及各種武術，1914—1919年間，馬永勝在蘇州就職於軍界，任武術教官，教授各路武術，各界學者甚多。1920年，根據陰陽八卦理論，集多種拳術之精華，整理和創編了一套風格獨特的太極拳，後由北京大東書店出版發行，書名為《新太極拳》。馬永勝還精於氣功，著有《八段少保功》，並以氣功療法熱心為群眾治病。

馬永勝於1930年在北平演練教門彈腿時，被當時的中央國術館館長張之江看見後大為讚賞，決定將教門彈腿列為中央國術館中的必修課，還讓馬永勝做了國術館負責人之一，於是馬永勝先生將彈腿編成講義廣發給從學者，此講義於1935年被編輯出版，書名為《十路彈腿》。從此，聊城教門彈腿在國內外廣為流傳，影響頗深，盛況空前。

五、吳志青

吳志青（1887—1951），安徽歙縣昌溪鄉人。9歲入金箔鋪學藝4年，後考入杭州巡警學堂，不久轉入上海中國體操學校，曾參加同盟會。

1911年，任浙江平湖商團及守望團司令兼教練。響應武昌起義，參與光復上海戰鬥，領兵光復瀏河（今位於江蘇太倉市東）、平湖（今屬浙江省嘉興市）。先後受聘為南京第四師範學校體育主任，江蘇省第一工業、第一農業學校體育主任，上海民立中學體育主任，上海青年會國術指導，並任教於上海女青年會體育師範學校。

1917年，當選為江蘇省體育研究會副會長，宣導德、智、體、美四育並重。

1919年，與同仁在上海創立中華武俠會（後易名中華武術會），並出任會長，此舉曾得到孫中山先生的嘉許。1921年，該會改組為上海體育師範學校。1921年6月，在第五屆遠東運動會上，他表演了精心創造的中國新體操、疊羅漢和中國武術，贏得了全場喝彩，第一個將中國民族體育帶上了國際運動會的舞臺。

1922年，創辦社會童子軍和暑期體育學校，提倡民眾體育，當選為體育研究會會長。孫中山勉以「努力進展，以培成革命勢力之組合」，又為武術會題寫了「尚武樓」匾，並贈百元。

1924年，追隨孫中山北上參加國民革命軍，任第五軍參議兼全軍武術總教練及學兵團代團長，後任第十一路軍少將參議兼軍械處長。

1925年以後，曾任南京中央國術館董事兼上海市國術館籌備處主任委員，全國國術考試籌備處副主任，中央國術館教務處副主任，全國運輸會國術裁判，中國國術館編審處處長等職，編輯出版武術書籍十餘種。

抗戰爆發後，雖皈依佛教，仍出任軍事委員會西南進出口物資運輸總經理處視察，奔走於廣東、香港、江西、湖南等地組織軍運。1942年，任職西南聯大體育教授，李公樸、聞一多等名流從其學練太極拳。

後來吳志青專事著述，著有《國術理論概要》《彈腿國術教範》《尚武樓叢書》《查拳圖說》《七星劍》《三路炮拳》《螳螂腿》《聯成拳》《戚門十三劍》《六合刀》《練步拳》《太極正宗》《太極正宗源流》《少林正宗練步拳》《疊羅漢》《國術論叢》《國術理論體系》《歷世紀》等23種圖書並出版，還有手稿3本，並主編過《中國新體育》《中國近代體育史》和《體育日報》。

六、朱國福

朱國福（1891—1968），直隸省定興縣（今河北省定興縣）大朱家莊人。自幼習武，早年師從各大名家習練羅漢拳、彈腿、摔跤等技藝，10歲參加義和團，14歲拜師學習形意門拳械，後又從師習練八卦掌、太極拳，其功夫技藝深得師傅的讚許。曾創立「武學會」和「鳳凰武術學校」，以精湛的技藝蜚聲武壇。

1924年，朱國福來到上海，創立武學會，以技擊能力高超、多次與中外武林高手交流取勝而聞名，1928年，朱國福先生參加第一屆武術國考，獲得最優等的榜首。1929年進入南京中央國術館任職並擔任教務處處長，教授形意拳，開設拳擊課，為國家大力培養武術人才，被時人稱作「中國拳擊之父」「中國搏擊之父」。朱國福先生一生為

民族的興衰和武術事業嘔心瀝血，鞠躬盡瘁。

朱國福先生的一生，有很多個第一與他相伴，如他是第一個有正規報紙報導，打敗公開設壇的外國武人的中國武術家；是第一個在世界上成立女子拳擊隊，第一個在中國引進和發展拳擊運動並身體力行的人；是第一個用現代觀念開展搏擊訓練教學的人。

七、王懷琪

王懷琪（1892—1963），江蘇吳縣人，體育教育家，一生著作近百種書籍。幼時體弱多病，進入中國體操學校後體質轉強，1910年以優異成績畢業於中國體操學校。後歷任上海商團公立尚武小學、中國體操學校、愛國女中、湖州旅滬公學、甲種商校、澄衷中學等校的體育教師、體育部主任。

在教學過程中，除介紹西方體育項目外，還注意發掘中國體育遺產，他悉心研究《十二路潭腿新教授法》《五禽戲》《八段錦》《易筋經》等古籍，以近代體育觀點加以整理，與體操相糅合，編成了多套具有民族特色的健身操。他先後發表《訂正八段錦》《易筋經二十四圖說》《分段八段錦》《八段錦舞》等十餘種書籍，很受社會各界人士的歡迎，並不斷再版。

由於他精於民族傳統體育，曾兼任精武體育會的器械部主任。20世紀20年代，他還編制了一套體育三段教學法，在上海得到推廣，其影響遍及全國。他按照三段教學法編成的教材有數十種，其中正編12種，續編17種，是

中國第一部比較完整的中小學體育教材。1958年受聘於上海教育學院，任體育教研室主任。王懷琪在逝世前將所有的藏書都捐獻給了國家，為新中國的體育事業做出了貢獻。

八、張文廣

張文廣（1915—2010），河南省許通縣人。中國著名武術家、教育家、武術九段。北京體育大學創始人之一，中國第一位武術專業研究生導師、教授，歷任全國體育總會委員，中國武協副主席，北京政協委員，中國武術協會副主席，北京體育學院教授兼武術研究室主任。

張文廣自幼酷愛武術，小時候家中很窮，吃糠咽菜的童年生活磨礪了他倔強的性格。1928年，家鄉清真寺來了位山東拳師，這個拳師看張文廣是個練武術的好苗子，便收他為徒。因為白天要幫大人幹活兒，沒有空閒練功，於是張文廣就早起晚睡加晌午，一日練功三遍，每遍三回拳，逢禮拜把齋，餓著肚子也要練功。百日之內，他一口氣學會了十趟彈腿，紮下了堅實的武術根基。

他初學彈腿，後學查拳、查槍和鎖喉槍。張文廣於1933年考入南京中央國術館深造，學習各種拳術及器械、散打、摔跤、拳擊、擊劍等，勤學苦練，廣學博採，融會貫通，集其大成。在1935年的全國武術比賽中，獲得了對練比賽第二名。1936年，參加中國武術代表團，隨中國體育代表團參加在德國柏林舉行的第十一屆奧運會，表演了武術，受到各國人士的好評。

張文廣畢業於南京中央國術館後，先後任教於上海體專、天津國立體專等，於1953年調入北京體育學院任教師，後晉升為副教授、教授，桃李滿園，並擔任北京體育學院武術教研室主任一職。

多年來利用業餘時間，編寫了《扔沙袋》《青年拳》《中國式摔跤》《綜合查拳》《散手拳法》等書，為武術教學和武術理論的傳承做出了突出貢獻。

第五節 彈腿拳的功效和練習方法

一、彈腿拳的功效

彈腿功法體用兩全，可鍛鍊身體，祛病養身，延年益壽，防身自衛。透過練習彈腿拳，可以內練精神、氣息、勁力、功夫，外練手、眼、身、步法，能使下肢步法穩固，上肢拳法靈活，身體各部均可得到均衡發展，靜則端正舒展，動則出手迅疾，對習練者的力量、耐力、速度、靈敏、柔韌等各種身體素質的發展都有良好的影響。

練習彈腿拳，還能夠領悟傳統文化的精髓，陶冶情操，樹立樂觀開朗、積極向上的生活態度，培養堅強的意志品質和良好的人際關係。

二、彈腿拳的練習方法

（一）打基礎：

以開腿、開腰、開臂為主。如壓腿、踢腿、控腿、俯

腰、晃腰、下腰、掄臂、鎖臂、拉臂等，以及手型拳、掌、勾和步型弓步、馬步、仆步、歇步、虛步等練習。

（二）求功力：

練習基本功、站樁功、腿法功、身法功、步法功、心法功、演練套路功、拋接沙袋功、踢打靶功等功法。

（三）講實用：

雙人拆拳解招，雙人合招對打，自由實戰用招，以達到學以致用的目的。

練習彈腿拳可以根據練習場所的大小、身體素質的好壞、訓練時間的長短、功力的深淺、興趣愛好來增減運動量。此外，也可利用快速、慢速、勻速等不同節律練習拳路，以此來提高人體肌肉的控制力和持久力，增強身體的穩固性及培養演練拳套的節奏感，使練習者的技術和素質得到全面的發展。

彈腿拳既能單練又能對練，既能集體練習也能單人練習。單練可以分路練習也可以整套練習，或打破順序拆開練習，以提高練習者的興趣，調整運動量，加深記憶力。

第二章
彈腿拳精華功法

第一節 彈腿拳增力功

本套增力功包括上肢增力、下肢增力和軀幹增力三個部分。增力功不需要任何器械的輔助，只是練習者徒手利用自身的體重來做的「負重」訓練。增力功方法簡便，功效明顯，適合不同年齡段的練習者訓練。

經常練習此增力功，可以增加周身的力量，提升體內臟腑的功能，以及在塑身、塑形等方面也有顯著效果。

一、增力功的動作說明

1. 上肢增力法

練習者雙腿併攏，雙腳掌撐地，身體平直，同時用左右手臂直肘推撐於地面成俯臥姿勢，頭部微上抬。接著進行手臂一屈一伸、身體上下平直移位的反覆練習，目視前方。（圖2–1、圖2–2）

2. 下肢增力法

練習者兩腳開步，身體自然站立，雙手臂自然前伸於

圖 2-1

圖 2-2

體前，雙臂同寬與肩，雙手成掌，手心向下，目視前方。
接著雙手握拳，屈膝下蹲，進行反覆蹲起練習，目視前
方。（圖2-3、圖2-4）

圖2-3

圖2-4

3. 軀幹增力法

　　練習者兩腳開步，自然站立，雙手臂下垂於體兩側，目視前方。接著身體下蹲，雙手臂直肘用雙掌推壓地面，雙腳向體後同時蹬伸腿成俯臥姿勢，隨後雙腳蹬地回拉於雙掌後，身體成弓形，頭隨視下方，兩掌不變。隨之雙腳蹬地，身體騰空，同時兩手臂由身體左右兩側至頭頂上方對擊掌，目視前方。

　　此動作可反覆練習，俯身蹬腿與凌空擊掌也可反覆練習。（圖2-5至圖2-9）

圖2-5

圖2-6

圖2-7

圖2-8

圖2-9

二、增力功的練習指導

（1）上肢增力

左右手用力要均等，身體上下起落要平直，呈一條直線。左右手臂屈肘下彎時肘部要高於後背，呼吸自然，每次練習50～100次。

（2）下肢增力

雙腿屈膝下蹲時，後腳跟不能拔離地面，雙腿用力均衡，上體直立，左右手臂前伸時肩膀要保持平肩，呼吸自然，每次練習50～100次。

（3）軀幹增力

雙腳蹬伸時要充分體現腰背的發力，俯身與凌空擊掌時須一氣呵成，呼吸自然，每次練習50～100次。

第二節　彈腿拳磕臂功

　　磕臂功是練習雙方利用手臂相磕對擊，以鍛鍊手臂硬度的一種功法。本套功法包括定位磕臂法、進退步磕臂法和擺扣腳換位磕臂法。

一、磕臂功的動作說明

1. 定位磕臂法

　　練習雙方面對面併步站立，互行抱拳禮。接著練習雙方左右開步，左右手握拳，雙方先以右小臂內側揮擺至體前對擊，隨之翻肘向上至頭上方用右小臂外側對擊，然後由上至下同時向對方側肋處橫臂以小臂外側對擊，同時另

圖2-10

一手臂隨擺體側，目視手臂方。左臂對磕與右臂對磕方法
相同，唯左右手臂不同。（圖2-10至圖2-16）

圖2-11

圖2-12

圖2-13

圖2-14

圖2-15

圖2-16

2. 進退步磕臂法

練習一方上左腳成左弓步，另一方退右腳成左弓步，雙方同時雙手握拳，先以右小臂內側揮擺至體前對擊，隨之翻肘向上至頭上方用手臂小臂外側對擊，然後由上至下同時向對方側肋處橫臂以小臂外側對擊，同時另一手臂隨擺體側，目視手臂方。

右腳上步或左腳退步成右弓步，左臂對磕與右臂對磕方法相同，唯左右手臂不同。（圖2-17至圖2-22）

圖2-17

圖2-18

圖2-19

圖2-20

圖2-21

圖2-22

3. 擺扣腳換位磕臂法

練習雙方同時開步屈膝蹲變成馬步，雙手握拳，先以右小臂內側揮擺至體前對擊，雙方同時腳尖向外以右擺步弧形行走，同時翻肘向上至頭上方用手臂小臂外側對擊，接著雙方身體右轉，同時左腳腳尖內扣，弧形上步蹲變成馬步，且雙方位置互換，由上至下同時向對方側肋處橫臂以小臂外側對擊，同時另一手臂隨擺體側，目視手臂方。左臂對磕與右臂對磕方法相同，左右手臂不同，方向不同。（圖2-23至圖2-28）

圖2-23

圖2-24

圖2-25

圖 2-26

圖 2-27

圖2-28

二、磕臂功的練習指導

（1）雙臂磕擊時觸位要準確，用力要適當，以練習者能承受為宜。

（2）左右手臂的進退步和擺扣腳換位等練習都可雙人互換練習，每次練習50～100次。

（3）移位磕臂練習時要注意步法、身法、臂法、眼法等四法的協調配合。

（4）初學者以定位磕臂法為主，隨著時間的推移、功力的增長，再進行進退步磕臂法和擺扣腳換位磕臂法的練習。

第三節　彈腿拳盤腳功

盤腳功是彈腿拳的一種獨特功法，是透過練習者的雙腳踩、磕、踢、擊等不同腳法來增加練習者雙腳的抗擊能力，同時也是提高身體平衡能力的有效方法。

一、盤腳功的動作說明

1.踩腳功

練習者左右開步，自然站立，雙手臂自然下垂於體兩側，目視前方。接著右、左腳依次提起向下踩踏另一腳的腳面，雙腳交替進行，雙手側展於體側，目視腳方。（圖2-29至圖2-31）

圖2-29

正面　　　　　　　　側面

圖2-30

正面　　　　　　　　側面

圖2-31

2. 磕腳功

　　練習者左右開步，自然站立，雙手臂自然下垂於體兩側，目視前方。

　　接著右、左腳依次用腳弓磕擊另一腳的內側，然後再用右、左腳外側磕擊另一腳的外側，雙腳交替進行，雙手側展於體側，目視腳方。（圖2-32至圖2-35）

圖2-32

圖2-33

圖2-34

圖2-35

3. 踢腳功

練習者左右開步，自然站立，雙手臂自然下垂於體兩側，目視前方。接著右、左腳依次用腳面踢擊另一腳的腳後跟，雙腳交替進行，雙手側展於體側，目視腳方。（圖2-36、圖2-37）

正面　　　　　　　　　　側面

圖2-36

正面　　　　　　　　　　側面

圖2-37

4. 擊腳功

練習者左右開步，自然站立，雙手臂自然下垂於體兩側，目視前方。接著兩腿屈膝下蹬地，身體凌空用左右腳底互相對擊於空中，同時雙手臂屈肘上提，目視下方。（圖2-38、圖2-39）

圖2-38　　　　　　　　　　圖2-39

二、盤腳功的練習指導

（1）盤腳功練習時用力要循序漸進，踢擊力度以練習者能承受為宜。

（2）凌空對擊腳底時，兩腳底要相合一致。

（3）各種盤腳功練習次數為50～100次。

（4）注意支撐腳要扣趾抓地，以穩固身體，不可摔倒，且要呼氣發力，以增加訓練效果。

第四節　彈腿拳踢靶功

踢靶功是由持靶者與踢靶者雙人配合的一種兩人功法，是持靶者持單靶和雙靶以不同的餵靶方法，與踢靶者左右腿踢出的不同腿法進行配對練習的方法。此功法能顯著提高踢靶者的功力，具有很強的實用性和趣味性。

一、踢靶功的動作說明

1. 彈腿踢靶法

練習雙方以實戰姿勢對站，餵靶者靜止或移動所持的單靶或雙靶於體前給踢靶者餵靶，踢靶者以左右彈腿攻踢腳靶，雙手臂自然擺動，目視靶方。（圖2-40至圖2-42）

圖2-40

圖2-41

圖2-42

2. 蹬腿踢靶法

練習雙方以實戰姿勢對站，餵靶者靜止或移動所持的單靶或雙靶於體前給踢靶者餵靶，踢靶者以左右蹬腿攻踢腳靶，雙手臂自然擺動，目視靶方。（圖2-43、圖2-44）

圖2-43

圖2-44

3. 踹腿踢靶法

　　練習雙方以實戰姿勢對站，餵靶者靜止或移動所持的單靶或雙靶於體前給踢靶者餵靶，踢靶者以左右踹腿攻踢腳靶，雙手臂自然擺動，目視靶方。（圖2-45、圖2-46）

圖2-45

圖2-46

4. 勾腿踢靶法

　　練習雙方以實戰姿勢對站，餵靶者靜止或移動所持的單靶俯身於體前給踢靶者餵靶，踢靶者以左右勾腿攻踢腳靶，雙手臂自然擺動，目視靶方。（圖2-47、圖2-48）

圖2-47

圖2-48

5. 飛彈踢靶法

　　練習雙方以實戰姿勢對站，餵靶者靜止或移動所持的單靶於體前給踢靶者餵靶，靶位高於自己的頭位，踢靶者身體凌空以左右飛彈腿攻踢靶面，雙手臂自然擺動，目視靶方。（圖2-49、圖2-50）

圖2-49

圖2-50

二、踢靶功的練習指導

（1）持靶者雙手持靶時要牢固，示靶要準確。當踢靶者踢擊靶面時，持靶者的手臂要肌肉緊收，以對頂踢靶者的攻擊力。

（2）踢靶者踢靶時要腿法標準，發招快速有力，腳落靶位時以靶心位置為最佳。

（3）踢靶時可單種腿法練習，也可多種腿法交替練習。

（4）每次練習踢靶功以30～40分鐘為宜。

第五節　彈腿拳懸椿功

懸椿功是彈腿拳的高級功法，指練習者以一腿支撐身體，另一腿懸空踢出不同的腿法，並保持靜態姿勢，即是懸椿功。

此套懸椿功包括彈腿懸椿功、蹬腿懸椿功、踹腿懸椿功和勾腿懸椿功四種方法。

其功效重在定架穩勢，調養氣息，培養雙腿功力，使練習者下盤穩固、出招勁猛力大等。

一、懸椿功的動作說明

1. 彈腿懸椿功

練習者右腿屈膝，腳趾抓地支撐身體，左腿向體前繃

踢成彈腿，同時右手握拳側展於體右側，左手握拳翻肘屈臂砸落於體前方，呈靜止姿勢，目視前方。（圖2–51、圖2–52）

圖2–51

圖2–52

2. 蹬腿懸椿功

　　練習者右腿自然站立，腳趾抓地支撐身體，左腿向體左側發蹬腿蹬出，高與腰齊，同時上體稍左轉，右手臂握拳屈肘上架於頭上方，左手握拳直臂向體左側打出，高與肩平，呈靜止姿勢，目視左方。左、右腿互換練習，方法相同，唯左右腿不同。（圖2-53、圖2-54）

圖2-53

圖2-54

3. 踹腿懸椿功

　　練習者右腿屈膝，腳趾抓地支撐身體，上體稍側傾，左腿向體左側下方直膝發踹腿踹出，同時右手握拳屈肘外擋至頭右側方，左手成掌直臂向體下方推出，呈靜止姿勢，目視左腿方。左、右腿互換練習，方法相同，唯左右腿不同。（圖2-55、圖2-56）

圖2-55

圖2-56

4. 勾腿懸樁功

　　練習者右腿屈膝，腳趾抓地支撐身體，左腿向體前勾腳尖發勾腿踢出，上體稍前傾，右手變掌舉架於頭上方，左手變勾勾拉於身體後側，勾尖向上，呈靜止姿勢，目視左腿方。左、右腿互換練習，方法相同，唯左右腿不同。（圖2-57、圖2-58）

圖2-57

圖2-58

二、懸椿功的練習指導

（1）懸椿功要左右勢互換練習，兩腿要均衡發展，不可偏廢任何一腿。

（2）懸椿功分柔練和剛練兩種練習方法，所謂柔練就是指懸椿姿勢要輕鬆自然，全身不可有絲毫用力繃勁之感，以達周身氣血通暢；所謂剛練是指成懸椿勢時周身要用力繃勁，不可有絲毫鬆懈，旨在增力練招。練習時柔練和剛練兩種方法要交替進行，不可偏頗任何一法。

（3）懸椿功每次練習時間視練習者的功力深淺而定，應由短到長，從起初的數十秒增至數分鐘，直至練習時間為20～30分鐘。

（4）練習懸椿功時雙腿會感到酸脹疲累、兩腿晃抖等，這些都是練功的正常反應，不必介懷，隨著功力的增長，上述現象會逐步消退。每次練完功後可用雙手拍打、抖捏雙腿，以緩解疲勞。

（5）練習懸椿功時宜選擇空氣清新、地面平整、安靜的環境和場所，利於精力集中，增加功力。

第六節　彈腿拳放鬆功

放鬆功包括手臂放鬆法、腿部放鬆法及腰背放鬆法。放鬆功的功效在於透過抓握、抖擺、推拉、震顫身體各部位，使練習者身體的骨骼靈活，肌肉鬆快，氣血循環通暢，以減輕心理和生理的疲勞感，同時為下一次訓練做好

體能上的儲備。

　　本套放鬆功是由雙人配合練習完成的。訓練學中有句名言，「沒有疲勞的訓練就不能稱之為有效的訓練」，而放鬆功則是緩解和消除疲勞的有效功法之一。

一、放鬆功的動作說明

1. 手臂放鬆法

　　練習時甲乙雙方雙腳左右自然開步，面對面站立，一方用左、右手抓握另一方的手腕，做上、下、左、右、前、後等不同方位的抖、擺、推、拉動作，進行放鬆手臂的練習，目視對方。（圖2–59至圖2–64）

圖2-59

圖2-60

圖2-61

圖 2-62

圖 2-63

圖 2-64

2. 腿部放鬆法

練習時甲乙雙方雙腳左右自然開步，面對面站立，一方用雙手抓握住另一方的腳踝，隨之上、下、左、右、前、後做不同方位的抖、擺、推、拉動作，另一方一腳支撐身體，雙手臂自然隨擺。（圖2-65至圖2-70）

圖2-65

圖2-66

圖2-67

圖2-68

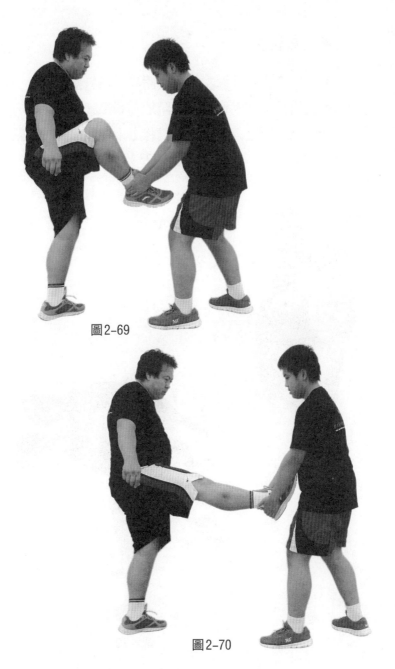

圖2-69

圖2-70

3. 腰背放鬆法

練習時甲乙雙方雙腳左右自然開步，背對背站立，一方雙手臂反掛另一方手臂，雙腳蹬地，利用腰背將另一方懸背於後背上，隨之俯身弓腰，雙膝上下微顫，進行放鬆對方腰背的練習。（圖2–71至圖2–73）

圖2–71

圖2–72

圖2-73

二、放鬆功的練習指導

（1）每一種放鬆法練習以30～50次為宜。

（2）做放鬆功時雙方應互換練習內容。

（3）放鬆功抖擺用力時要因人而異，循序漸進，不可用力過猛，以雙方舒適為度。

（4）腰背放鬆時，身處下位的練習者頭部不可低於自身腰位的水平面，以防將上位的練習者從頭而越摔出，造成傷損。

彈腿拳

第三章
彈腿拳套路展示

第一節　彈腿拳基本動作

武術抱拳禮：（圖3-1）

一、手型

（1）拳

一手四指併攏，手指依次向內捲握，拇指壓在食指和中指的第二指節上。（圖3-2、圖3-3）

【要求】握拳有力，拳面平整，發拳時手腕要直，力達拳面。

圖3-1

圖3-2

圖3-3

（2）掌

一手四指併攏，拇指第一指節內扣於食指掌根處。
（圖3-4、圖3-5）

【要求】推掌時坐腕豎指，力達掌根。

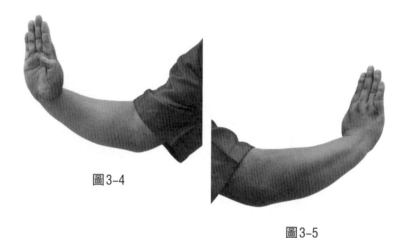

圖3-4

圖3-5

（3）勾

一手五指第一指節捏攏，屈腕。圖3-6、圖3-7

【要求】捏指平齊，折腕拱背，力達勾尖。

圖3-6　　　　　　　　　圖3-7

二、步 型

（1）弓 步

一腿屈膝平蹲，另一腿直膝蹬地，形成前腿弓、後腿蹬的姿勢，上體自然挺立，雙手臂屈肘抱拳於腰間。（圖3-8、圖3-9）

【要求】腳趾抓地穩固，立身沉臀。

圖3-8

圖3-9

（2）馬 步

左右腳開步寬於肩位，屈膝平蹲，雙手臂屈肘抱拳於腰間。（圖3-10）

【要求】平膝蹲步穩固，挺胸立腰，斂臀圓襠。

圖3-10

（3）歇 步

一腳腳尖外展，另一腳由後插步，腳跟翻起，雙腿屈膝下蹲，雙手臂屈肘抱於腰間。（圖3-11、圖3-12）

【要求】左右腳摽、插穩固，上體挺身轉腰。

圖3-11　　　　　　　圖3-12

（4）仆 步

一腿屈膝下蹲，另一腿直膝向體側平展，雙手臂屈肘回抱於腰間。（圖3-13、圖3-14）

【要求】立腰沉臀，後腳腳趾稍外展，前腳腳趾稍內扣。

圖3-13

圖3-14

（5）虛 步

一腳腳尖稍外展，屈膝下蹲，另一腳腳尖虛點地於體前，同時雙手屈肘於胸前。（圖3-15、圖3-16）

【要求】左右腿虛實分明，上體稍前傾。

083

圖3-15　　　　　　　　圖3-16

（6）併　步

兩腿直膝併攏而站，雙手臂屈肘回抱於腰間。（圖3-17）

【要求】挺胸立腰，收臀夾腿。

圖3-17

（7）獨立步

一腿直膝站立，另一腿屈膝扣腳上提，雙手臂屈肘回抱於腰間。（圖3-18、圖3-19）

【要求】腳尖內扣護襠，支撐腳抓地站穩，挺胸沉氣。

圖3-18　　　　　　　　　　圖3-19

三、腿 法

（1）彈 腿

一腿支撐身體，另一腿屈膝繃腳尖向前踢出，雙手臂屈肘回護於腰間，上體自然挺立。（圖3-20、圖3-21）

【要求】大腿帶小腿，發腿快速有力，力達腳尖。

圖3-20　　　　　　　　　圖3-21

（2）蹬　腿

一腿支撐身體，另一腿屈膝勾腳尖向前踢出，雙手臂屈肘回護於腰間，上體自然挺立。（圖3-22）

【要求】蹬腿直線而出，力達腳跟，發腿快猛。

圖3-22

（3）踹 腿

一腿屈膝支撐身體，另一腿向體側直膝橫踢，腳尖內扣，雙手臂卡於腰間或前後自然打開，上體稍側傾。（圖3-23、圖3-24）

【要求】擰腰開胯，展腹發力，力達腳底。

圖3-23

圖3-24

（4）勾 腿

一腿屈膝支撐身體，另一腿腳尖上翹於體前呈弧形由下向上抄踢，同時雙手臂屈肘卡腰，上體稍前傾。（圖3-25）

【要求】擰腰擺胯，直膝蹺腳發力，力達腳勾。

圖3-25

第二節　彈腿拳動作名稱

上 趟

預備勢

1. 虛步十字手
2. 併步雙衝拳
3. 馬步側頂肘
4. 馬步連環拳
5. 獨立上衝拳
6. 馬步雙衝拳
7. 馬步掛砸拳

8. 弓步架衝拳
9. 格肘連環彈
10. 弓步一字拳
11. 仆步下砸拳
12. 馬步雙夾肘
13. 弓步架衝拳
14. 格肘連環彈
15. 弓步一字拳
16. 仆步下砸拳
17. 馬步雙夾肘

第三節　彈腿拳動作說明

　　此趟彈腿拳是由武術名家武祥一脈相承、傳留與筆者的一套名拳，與世面所傳的十路彈腿或十二路潭腿拳路結構迥異，但技術風格相似，是上趟與下趟合二為一組成的拳趟。

上 趟

預備勢

兩腳併步站立，兩手臂自然下垂於身體兩側，兩手變掌，兩眼目視前方。（圖3-26）

【要點】呼吸自然，意念專注，周身舒暢。

1. 虛步十字手

右腳後撤移步，左腳隨即回點腳尖於地面成虛步，同時雙掌由腰間向體前屈肘推出，右掌在外，左掌在內，高與肩平，目視前方。（圖3-27）

圖3-26

圖3-27

【要點】移腳蹲步快速，雙手臂微屈肘，兩掌用力前推，力達掌外沿。向後坐步與向前推掌應形成爭力。

2. 併步雙衝拳

左腳向前移步成左弓步，雙掌向上擺架至體兩側，隨即變拳向體前立拳衝出，接著右腳蹬地向前落腳成併步，同時雙拳回收腰間，然後再次向體前平拳打出，目視前方。（圖3-28至圖3-30）

【要點】雙拳連打要緊密連貫，拳距與肩同寬，力達拳面。

圖3-28

圖3-29

圖3-30

3. 馬步側頂肘

右腳側開一步，兩腳蹲變成馬步，同時雙手臂屈肘向左右兩側頂擊，左右肘與肩平，目轉視右方。（圖3-31）

【要點】屈膝蹲步與頂肘協調一致，開胸展背發力，力達肘尖。

圖3-31

4. 馬步連環拳

雙腿屈蹲馬步不變，雙拳直臂向襠前衝出，隨之雙臂以肘關節為軸，雙拳向面前翻打，接著雙手臂向體兩側截打，目隨視右拳方。（圖3-32至圖3-34）

【要點】馬步沉穩，「三拳」連變，一氣呵成，力達拳面、拳背和拳輪。

圖3-32

圖3-33

圖3-34

5. 獨立上衝拳

右腳向內側移半步，同時用力下震腳，左拳變掌由外向內橫擺至體右側，同時右拳由下向上直臂衝出，且左腿屈膝上提成獨立步，目轉視左方。（圖3-35、圖3-36）

【要點】震腳有力，左腿屈膝上提護襠，右衝拳緊貼頭側。

圖3-35

正面

側面

圖3-36

6. 馬步雙衝拳

左腳向左側落步屈蹲成馬步，雙手變拳屈肘回收於胸前，隨即翻腕擰臂向身體兩側打出，目轉視右拳方。（圖3-37、圖3-38）

【要點】馬步扣趾沉穩，翻腕、擰臂、衝拳快速有力，力達拳面。

圖3-37

圖3-38

7. 馬步掛砸拳

馬步不變，雙手臂屈肘回掛至頭兩側，接著雙臂直肘由上向下同時向體前砸拳，上體稍前傾，目隨視拳方。（圖3-39、圖3-40）

【要點】掛拳緊貼頭部兩側，砸拳至襠前，力達拳輪。

圖3-39

圖3-40

8. 弓步架衝拳

雙腳向左蹬撐地面變成左弓步，上體向左轉，左拳屈肘上架於頭上方，同時右拳直臂向體前立拳打出，目視右拳方。（圖3-41）

【要點】架拳、衝拳同時進行，蹬地轉腰，力達拳面。

圖3-41

9. 格肘連環彈

左腳蹬地，身體稍起，右拳屈肘內格，右腿向體前低位、中位連環彈出，左拳上架不變，目視前方。（圖3-42、圖3-43）

【要點】右腿彈踢快速、有力、連貫，力達腳尖。右格肘回護胸前，左支撐腳穩固。

圖3-42

圖3-43

10. 弓步一字拳

右腳向前落步成右弓步，同時左右手臂直肘立拳分別向身體前後衝出，高於肩平，目視右拳方。（圖3-44）

【要點】落步出拳一致，雙臂成一直線，力達拳面。

11. 仆步下砸拳

身體重心左移，左腿屈膝下蹲，右腿直膝成右仆步，同時右手臂微屈肘向下砸拳，左拳不變位於身後，目視右拳方。（圖3-45）

圖3-44

圖3-45

【要點】下蹲仆步與下砸拳相合一體，沉臀俯身發力，力達拳輪。

12. 馬步雙夾肘

雙腳蹬地移變成馬步，同時左右手臂屈肘回抱於胸前，上體含胸裹背，兩小臂外側相貼，目視前方。（圖3-46）

【要點】雙臂夾肘內含裹勁，馬步沉穩。

13. 弓步架衝拳

雙腳向右蹬擰地面變成右弓步，上體向右轉，右拳屈肘上架於頭上方，同時左拳直臂向體前立拳打出，目視拳方。（圖3-47）

【要點】架拳、衝拳同時進行，蹬地轉腰，力達拳面。

圖3-46

圖3-47

14. 格肘連環彈

右腳蹬地，身體稍起，左拳屈肘內格，左腿向體前低位、中位連環彈出，右拳上架不變，目視前方。（圖3-48、圖3-49）

【要點】左腿彈踢快速、有力、連貫，力達腳尖。左格肘回護胸前，右支撐腳穩固。

圖3-48　　　　　　圖3-49

15. 弓步一字拳

左腳向前落步成左弓步，同時左右手臂直肘立拳分別向身體前後衝出，高與肩平，目視左拳方。（圖3-50）

【要點】落步出拳一致，雙臂成一直線，力達拳面。

101

圖3-50

圖3-51

16. 仆步下砸拳

身體重心右移，右腿屈膝下蹲，左腿直膝成左仆步，同時左臂微屈肘向下砸拳，右拳不變位於體右側，目視左拳方。（圖3-51）

【要點】下蹲仆步與下砸拳相合一體，沉臀俯身發力，力達拳輪。

17. 馬步雙夾肘

雙腳蹬地移變成馬步，同時左右手臂屈肘回抱於胸前，上體含胸裹背，左右小臂內夾，目視前方。（圖3-52）

【要點】雙臂夾肘內含裹勁，馬步沉穩。

18. 弓步架衝拳

雙腳向左蹬擰地面變成左弓步，上體向左轉，左拳屈肘上架於頭上方，同時右拳直臂向體前立拳打出，目視拳方。（圖3-53）

【要點】架拳、衝拳同時進行，蹬地轉腰，力達拳面。

圖3-52

圖3-53

19. 格肘連環彈

左腳蹬地，身體稍起，右拳屈肘內格，右腿向體前低位、中位連環彈出，左拳上架不變，目視前方。（圖3-54、圖3-55）

【要點】右腿彈踢快速、有力、連貫，力達腳尖。右格肘回護胸前，左支撐腳穩固。

圖3-54

圖3-55

20. 弓步翻背拳

右腳向前下落成右弓步，左拳由上向下於胸前蓋壓拳，隨之擺至體左側，同時右臂以肘關節為軸向前翻打，身體稍前傾，目視右拳方。（圖3-56）

【要點】左、右手臂在胸前立圓翻轉，翻拳活肘，甩臂發力，力達拳背。

21. 歇步單推掌

雙腳蹬撐地面，上體向左後方轉擰蹲變成歇步，同時左拳屈肘回收腰間，右拳變掌向體前推出，目視掌方。（圖3-57）

【要點】轉身靈活，轉擰變歇步穩固，轉腰抻臂發力，力達右掌。

圖3-56

圖3-57

圖3-58

22. 弓步下插掌

上體稍起，左腳向體後撤步成右弓步，同時右掌屈肘橫按於右臂肘窩處，左拳變掌直臂向體前下方插擊，目視左掌方。（圖3-58）

【要點】移步快捷，插掌勇猛有力，力達指尖。

23. 馬步勾亮掌

身體向左快速擰轉蹲變成馬步，左掌變勾由前經體側向後勾起，勾尖向上，同時右掌屈肘向上抖腕亮掌，目轉視左方。（圖3-59）

【要點】變步快速，轉身輕靈，抓勾、亮掌合一。

正面

側面

圖3-59

24. 分掌側踹腿

雙腳蹬地，身體上起，雙手變掌上擺至頭上方，隨之右腳向左腳後插步，雙掌由上向下經體前立圓環繞一周至胸前相抱，右掌在下，左掌在上，接著左腿屈膝上提向體側踹出，同時左右手分推掌於體兩側，目視左腿方。（圖3-60至圖3-62）

【要點】立圓擺掌，連貫圓潤，分掌、側踹協調一致，擰腰展胯，力達腳底。

圖3-60

圖3-61

圖3-62

25. 弓步勾撩掌

左腳下落成左弓步，左掌變勾弧形側擺至體後，勾尖向上，同時右掌由下向上撩於體前，目視前方。（圖3-63）

【要點】勾手、撩掌一致，轉腰送肩，力達掌心。

圖3-63

26. 左右衝拳彈腿

左勾手變拳由後向體前直臂打出，同時右腳向前彈出，右掌變拳屈肘回抱於腰間，接著右腳向前落步，右拳向前直臂打出，且左腳同時向前彈出，左拳屈肘回抱於腰間，目視前方。（圖3-64、圖3-65）

圖3-64

圖3-65

【要點】衝拳、彈腿同動一致，左右連動快速，力達拳面及腳尖。

27. 上步連環托掌

左腳下落，右腳向前上步，同時雙拳變掌，左掌、右掌、左掌依次向體前立圓絞繞托掌，另一掌回收胸前，目視前方。（圖3-66至圖3-68）

【要點】上步與連環托掌協調，托掌快速有力，力達掌心。

圖3-66

圖3-67

圖3-68

28. 併步側衝拳

右腳蹬撐地面，身體左轉，左腳向前上步成併步，同時右掌變拳向體側立拳直臂打出，且左掌回護於右肩處，目視右拳方。（圖3-69）

【要點】併步擰腰發力，力達拳面，快速有力。

下 趟

圖3-69

29. 震腳雙擋臂

右腳上提向下震腳，同時左腳腳尖點地，接著上體左轉，左腳向左上步成左弓步，雙手變拳，雙臂屈肘由右向左揮擊，雙臂與肩同寬，雙拳高於頭，目視前方。（圖3-70、圖3-71）

【要點】震腳有力，轉身、揮臂一致，力達雙手臂。

30. 勾踢下砍掌

雙拳變掌由左上方向體右下側砍擊，同時左腿微屈膝，右腳腳尖上勾，在體前弧形勾踢，目視腿方。（圖3-72）

【要點】勾踢、砍掌配合一致，沉身、轉腰發力，力達腳勾及掌外沿。

背面　　　　　　　正面

圖3-70

圖3-71　　　　　　圖3-72

31. 掛掌飛彈腿

右腳向前落步，左右手臂屈肘回掛於頭兩側，接著雙腳蹬地，身體凌空發右彈腿，同時雙掌變勾向後擺起，勾尖向上，目視腿方。（圖3-73、圖3-74）

【要點】掛掌反勾與凌空彈腿相合一體，騰空要高，彈腿要猛，力達腳尖。

圖3-73

（1）

（2）

圖3-74

32. 弓步上架掌

左右腳依次落地，左腳向前上一步成左弓步，同時雙勾變掌由體後向體前疊腕架推，右掌在外，左掌在內，目視雙掌。（圖3-75）

【要點】移步快捷，推掌有力，雙臂肘關節微屈。

圖3-75

33. 雙勾右蹬腿

左腳蹬地，身體上起，雙掌變勾由前向體後勾起，同時右腿屈膝向前直蹬，高與腹部，目視前方。（圖3-76）

【要點】右蹬腿與雙勾手形成爭力，蹬腿快速，力達腳底。

圖3-76

34. 弓步連環拳

右腳向前落步成右弓步，雙勾變拳由後向前直臂立拳打出，接著身體向左轉180度，雙拳屈肘回抱腰間，隨之雙腳蹬撐變左弓步，雙拳向體前直臂立拳打出，目視拳方。（圖3–77至圖3–79）

【要點】弓步轉換快速，雙拳連打快猛，力達雙拳面。

圖3–77

圖3–78

圖3–79

35. 仆步下砸拳

身體重心左移，左腿屈膝下蹲成右仆步，同時右拳由前經上至右腳處砸擊，且左拳隨擺於體左側不變，目視右拳方。（圖3-80）

【要點】轉身、蹲步、劈拳三動合一，力由腰發，力達拳面。

36. 馬步雙夾肘

雙腳蹬地，身體上起移變成馬步，同時左右手臂由外向內屈肘回抱於體前，左右小臂內夾，目視前方。（圖3-81）

【要點】含胸裹背，力達小臂內側，馬步扣趾沉穩。

圖3-80

圖3-81

37. 弓步十字拳

雙腳蹬地擰變成右弓步，上體右轉，左拳向體前打出，右拳向體右側打出，左右手臂形成十字形姿勢，左右拳拳心均向下，目視左拳方。（圖3-82）

【要點】蹬地轉腰發力，力達雙拳面，兩拳高與肩位。

圖3-82

38. 擂拳連環彈

右腿微屈膝，左臂以肘關節為軸依次向裡翻至向外砸拳，同時左腿向體前低位、中位連環踢彈腿，右拳不變於體右側，目視腿方。（圖3-83、圖3-84）

【要點】左拳、左腿上下配合一致，彈腿連踢，快速脆爆，力達腳尖，擂拳力達拳面。

圖3-83　　　　　　圖3-84

39. 馬步雙衝拳

左腳向前落步，上體向右擰轉，雙腿蹲變成馬步，同時左拳旋擰，平拳直臂向體左側打出，右拳隨動於體右側，目視左拳方。（圖3-85）

【要點】落腳蹲變馬步時要整體側進，雙臂平展成一條直線。以步催拳，以拳發力，力達拳面。

圖3-85

119

40. 仆步下砸拳

身體重心右移，右腿屈膝下蹲成左仆步，同時左拳由上向下立拳砸擊至左腳處，且右拳隨擺於體右側，目視左拳方。（圖3-86）

【要點】蹲步、劈拳齊動合一，沉臀俯身發力，力達拳輪。

圖3-86

41. 馬步雙夾肘

雙腳蹬地，身體上起移變成馬步，同時左右手臂由外向內屈肘回抱於體前，左右小臂內夾，目視前方。（圖3-87）

【要點】含胸裹背，力達小臂內側，馬步扣趾沉穩。

圖3-87   圖3-88

42. 弓步十字拳

雙腳蹬地擰變成左弓步，上體左轉，右拳向體前打出，左拳向體左側打出，左右手臂形成十字形姿勢，左右拳拳心均向下，目視右拳方。（圖3-88）

【要點】蹬地轉腰發力，力達雙拳面，兩拳高與肩位。

43. 擂拳連環彈

左腿微屈膝，右臂以肘關節為軸依次向裡翻至向外砸拳，同時右腿向體前低位、中位連環踢彈腿，左拳不變於體左側，目視腿方。（圖3-89、圖3-90）

【要點】右拳、右腿上下配合一致，彈腿連踢，快速脆爆，力達腳尖，擂拳力達拳背。

圖3-89

圖3-90

44. 馬步雙衝拳

右腳向前落步，上體向左擰轉，雙腿蹲變成馬步，同時右拳旋擰，平拳直臂向右側打出，左拳隨動於體左側，目視右拳方。（圖3-91）

圖3-91

【要點】落腳蹲變馬步時要整體側進，雙臂平展成一條直線。以步催拳，以拳發力，力達拳面。

45. 仆步下砸拳

身體重心左移，左腿屈膝下蹲成右仆步，同時右拳由上向下立拳砸擊至右腳處，且左拳隨擺至體左側，目視右拳方。（圖3-92）

【要點】蹲步、劈拳齊動合一，沉臀俯身發力，力達拳輪。

圖3-92

46. 馬步雙夾肘

雙腳蹬地，身體上起移變成馬步，同時左右手臂由外向內屈肘回抱於體前，左右小臂內夾，目視前方。（圖3-93）

【要點】含胸裹背，力達小臂內側，馬步扣趾沉穩。

圖3-93　　　　　　　　　圖3-94

47. 弓步十字拳

雙腳蹬地撐變成右弓步，上體右轉，左拳向體前打出，右拳向體右側打出，左右手臂形成十字形姿勢，左右拳拳心均向下，目視左拳方。（圖3-94）

【要點】蹬地轉腰發力，力達雙拳面，兩拳高與肩位。

48. 擂拳連環彈

右腿微屈膝，左臂以肘關節為軸依次向裡翻至向外砸拳，同時左腿向體前低位、中位連環踢彈腿，右拳不變於體右側，目視腿方。（圖3-95、圖3-96）

【要點】右拳、右腿上下配合一致，彈腿連踢，快速脆爆，力達腳尖，擂拳力達拳背。

圖3-95　　　　　　圖3-96

49. 弓步反背拳

左腳向前下落步成左弓步，右拳由上向下於胸前蓋壓，隨之擺至體右側，同時左臂以肘關節為軸向前翻打，身體稍前傾，目視左拳方。（圖3-97）

圖3-97

【要點】左、右手臂在胸前立圓翻轉，翻拳活肘，甩臂發力，力達拳背。

125

50. 歇步單推掌

雙腳蹬撐地面，上體向右後方轉撐蹲變成歇步，同時右拳屈肘回收腰間，左拳變掌向體前推出，目視掌方。（圖3-98）

圖3-98

【要點】轉身靈活，撐變歇步穩固，轉腰抻臂發力，力達左掌。

51. 弓步下插掌

右腳向體後撤步成左弓步，同時左掌屈肘橫按於體前，右拳變掌直臂向體前下方插擊，目視右掌方。（圖3-99）

【要點】移步快捷，插掌勇猛有力，力達指尖。

圖3-99

52. 馬步勾亮掌

身體向右快速擰轉蹲變成馬步，右掌變勾由前經體側向後勾起，勾尖向上，同時左掌屈肘向上抖腕亮掌，目轉視右方。（圖3-100）

【要點】變步快速，轉身輕靈，抓勾、亮掌合一。

正面　　　　　　　　　　　　　側面

圖3-100

53. 分掌側踹腿

雙腳蹬地，身體上起，雙手變掌上擺至頭上方，隨之左腳向右腳後插步，雙掌由上向下經體前立圓環繞一周至胸前相抱，左掌在下，右掌在上，接著右腿屈膝上提向體右側踹出，同時左右手分推掌於體兩側，目視腿方。（圖3-101至圖3-103）

127

圖3-101

圖3-102

圖3-103

【要點】立圓擺掌，連貫圓潤，分掌、側踹協調一致，擰腰展胯，力達腳底。

54. 弓步撩勾手

右腳下落成右弓步，右掌變勾弧形側擺至體後，勾尖向上，同時左掌由下向上撩擊於體前，目視前方。（圖3-104）

【要點】勾手、撩掌一致，轉腰送肩，力達掌心。

圖3-104

55. 左右衝拳彈腿

右勾手變拳由後向體前方直臂立拳打出，同時左腳向前彈出，左掌變拳屈肘回抱於腰間，接著左腳向前落步，左拳向前直臂立拳打出，且右腳同時向前彈出，右拳屈肘回收於腰間，目視前方。（圖3-105、圖3-106）

圖3-105

圖3-106

【要點】衝拳、彈腿同動一致，左右連動快速，力達拳面及腳尖。

56. 上步連環托掌

右腳下落，左腳向前上步，同時雙拳變掌，右掌、左掌、右掌依次向體前立圓絞繞托掌，另一掌回收胸前，目視前方。（圖3-107至圖3-109）

【要點】上步與連環托掌協調，托掌快速有力，力達掌心。

圖3-107

圖3-108

圖3-109

131

57. 併步側衝拳

左腳蹬擰地面，身體右轉，右腳向前上步成併步，同時左掌變拳由體前向體側立拳直臂打出，且右掌回護於左肩處，目視左拳方。（圖3–110）

【要點】併步擰腰發力，力達拳面，快速有力。

背面

正面

圖3–110

58. 弓步連環劈拳

上體右轉，右腳向前上步成右弓步，雙手變拳，右拳、左拳依次向前掄劈，且另一手回收腰間，目視拳方。（圖3–111、圖3–112）

【要點】蹬地轉腰發力，力達拳輪，雙拳連劈緊密，手臂自然伸展。

圖3–111

圖3–112

59. 弓步單衝拳

左腳蹬地向前上步成左弓步，左拳屈肘回收腰間，同時右拳直臂平拳向體前打出，高與肩位，目視右拳方。（圖3-113）

【要點】上步、出拳協調一致，擰腰發力，力達拳面。

圖3-113

60. 馬步架衝拳

上體右轉，雙腳擰變成馬步，右手屈肘上架於頭上方，左拳直臂向體側平拳打出，目視左拳方。（圖3-114）

【要點】抽腰擰胯發力，架拳和衝拳同動一致，馬步圓襠，扣趾沉穩。

61. 虛步十字手

身體重心右移，左腳尖回收體前成虛步，同時雙拳變掌由腰間向體前十字推出，右掌在外，左掌在內，兩腕相貼，目視前方。（圖3-115）

【要點】移步平穩，左虛步和右實步要分明，推手合力而出。

圖3-114

圖3-115

收 勢

左腳蹬地回收與右腳成併步，同時雙掌變拳回收腰間，目轉視左方，隨即雙手下垂於體兩側，行拳意念終止，呼吸自然。（圖3–116、圖3–117）

行武術抱拳禮：（圖3–118）

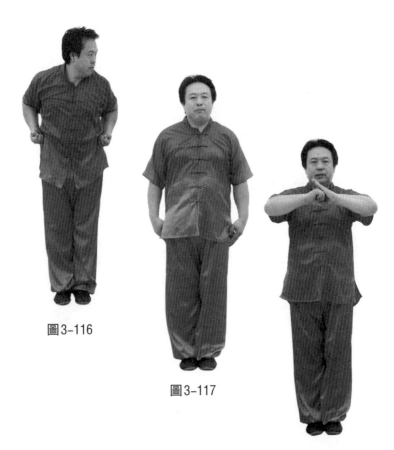

圖3–116

圖3–117

圖3–118

第四章

彈腿拳技擊解招

第一節　彈腿拳實用戰例解析

解析1：

實戰時，對手突然起右彈腿攻踢我襠腹，我急速用十字手向下拍打破化來腿，同時身體前傾，含胸收腹，目視來腿方。（圖4-1、圖4-2）

【要點】在防化腿攻時，身法、手法要協調一致，力達十字手雙掌掌心。眼睛下視來腿，且要用餘光關注對手是否有上盤的進攻，以防襲擊。

圖4-1

圖4-2

解析2：

實戰時，對手突然起右高蹬腿猛踢我頭面，我身體急速向前進步，用雙手呈十字形由下向上推攔來腿，防化對手，目視來腿方。（圖4-3）

【要點】推攔時雙手臂撐圓，進步與十字手要一致有力。此動作用力大時，常可將對手掀翻在地。

圖4-3

解析3：

實戰時，我突
然上左腳身體前
移，發雙手衝拳攻
打對手的胸部，對
手隨用雙拳左右外
磕破化我的進攻，
隨之我變招回抽雙
拳後，再將雙拳向
對手心窩打出，使

圖4-4

對手受到重創。（圖4-4、圖4-5）

【要點】雙拳連打要快速緊密，力達拳面。雙拳擊打對
手的心窩時要意想雙拳有穿透其胸膛的力量。

圖4-5

解析4：

實戰時，對手突然從我身後用左手抓拉我頭髮欲施行拳攻時，我順勢身體右轉，右腳後撤，雙腳蹲變成馬步，同時雙手臂屈肘發右頂肘反攻對手的心窩要害，使對手受到重創。（圖4-6、圖4-7）

圖4-6

【要點】蹬地轉腰抖肩，力達肘尖。右腳後撤蹲變成馬步時，應將對手的左腿鎖控住，以便我下一步施行肘擊。

圖4-7

解析5：

實戰時，對手突然上步用雙手鎖固我脖頸，欲施行膝法攻擊我，我屈膝下蹲，身體下沉，用雙拳迎打對手左右大腿根的內側，接著身體重心前移，雙肘上翻用雙拳拳背猛擊對手的面門，使對手受到重創。（圖4-8至圖4-10）

圖4-8

【要點】雙拳迎打及時準確，身體重心前移與翻肘砸面拳要同動一致，勁力渾厚，以突出以身助拳的精要。

圖4-9

圖4-10

141

解析 6：

實戰時，對手用連環邊腿攻踢我左右側肋，我隨即用同側手臂向外截擊、格擋來腿，破化對手的腿攻，且另一手臂屈肘回護臉側，目視來腿方。（圖4-11、圖4-12）

圖4-11

【要點】轉腰擰肩，甩臂發力，力達小臂處。截擊時手臂肌肉要緊收，以增加抗擊力。

圖4-12

解析7：

實戰時，對手突然從我身後用雙手臂鎖控我脖頸，我隨之沉身轉腰，用右腳腳跟狠踩對手的左腳腳面，接著右拳向上掏打對手的下頜，同時左手扳控對手的雙手，使對手受到重創。（圖4-13至圖4-15）

【要點】沉身踩腳與展腹拳打要體現出身法的變化。此招是上下變招連打的技法，在實戰時運用極易得手。

圖4-13

圖4-14

圖4-15

解析 8：

實戰時，對手突然發右邊腿攻踢我胸腹，我沉身的同時雙手臂屈肘成十字手，於體前堵擋來腿進攻，接著側進步用右拳

圖4-16

衝打對手的心窩，且左臂側展於體左側，使對手受到重創。（圖4-16、圖4-17）

【要點】雙手臂外擋有力，進步翻肘、衝拳兇猛，力達拳面。防打結合，不給對手絲毫喘息的機會。

圖4-17

解析9：

實戰時，對手突然上左步同時發左右貫拳攻打我左右耳門，我快用雙手臂向外格擋來拳，對手隨即變招用右膝撞擊我心腹，我急速應變，雙臂屈肘向下發砸拳破化其膝攻，或用雙手臂十字拳下插破化來膝，目視腿方。（圖4-18、圖4-19）

圖4-18

【要點】手臂外擋時要寬於肩，屈肘下砸時要沉身含胸。連環防守要隨招而變，節奏不能紊亂，正如彈腿拳所講，「防要點合點，打要錯開點」。

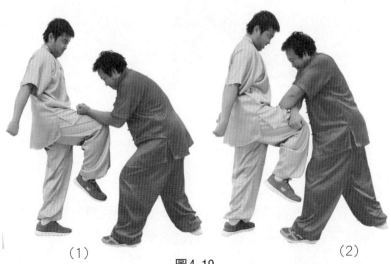

（1）

圖4-19

（2）

解析10：

實戰時，對手突然上步發左砸拳砸我面門，我疾上左步蹲變成左弓步，同時左手臂屈肘上架來拳，右手發直拳迎打對手的腋、肋要害，使對手受到重創。（圖4-20）

【要點】蹬腿轉腰，送肩抻肘，衝拳力達拳面。迎招搶打要膽大心細，左手臂屈肘上架要護在頭面的上方，且手臂要有向外旋擰的張力。

圖4-20

解析11：

實戰時，對手突然發右手直拳攻打我面部，我隨之用右臂屈肘橫格破化來拳，同時發右低彈腿踢擊對手的左前腿脛骨，接著右腳連發中位彈腿連踢對手的襠部，使對用

受到重創。（圖4–21、圖4–22）

　　【要點】右臂屈肘護面時要向裡裹住自己面前的受擊範圍，右腿一變二的彈踢要連貫迅猛。此招的防打結合，體現了傳統武術攻防一體的特點。

圖4–21

圖4–22

圖4-23

解析12：

實戰時，對手突然用右拳衝打我的胸部，我疾速向右閃、轉身體，同時用右手弧形刁抓來拳手腕，左手直拳向前衝打對手的面頰，接著右腳

圖4-24

向前上步成右弓步，右拳順勢直臂用衝拳攻擊對手的咽喉要道，左手臂隨展體後，使對手受到重創，目視拳方。（圖4-23、圖4-24）

【要點】左拳擊面時身體重心前壓，以身助力，右手衝拳擊咽時要藉由對手的回抽之力順勢出擊，以增加打擊效果。右腳要踩踏在對手的兩腳中間，就是俗稱的腳踏中門，正如拳諺講「腳踏中門人難防」。

解析13：

實戰時，對手快發左側踹腿踢擊我膝、脛處，我順勢身體重心後坐，蹲變成左仆步閃化其來腿攻擊，同時用左手臂向下砸擊對手來腿，右拳隨展體後，目視來腿方。（圖4-25）

【要點】閃蹲仆步及時，沉身揮臂發拳，力達拳輪及小臂外側。此招一閃一砸起到了雙重防護的作用，同時左拳的劈砸也給對手以重創。

圖4-25

解析 14：

實戰時，對手突然墊步進身快發右高位側踹腿踢擊我面部，我隨變雙手臂屈肘回擋於面前，堵擊對手的腿踢，瓦解其腿攻，目視來腿方。（圖4-26）

【要點】雙臂屈肘夾緊，小臂肌肉用力。此招是硬碰硬的招法，防守者要有強大的臂功才能運用此招。實戰過程中，若能在對手起腿的瞬間向前移步變換與對手的實戰距離，則可以此破壞對手正常的發力點，堵攔效果會更明顯，常常會將對手頂翻在地。

圖4-26

解析 15：

實戰時，對手突然進身快發右橫邊腿踢擊我腰腹，我順勢身體左轉，右手臂屈肘向外掛攔格擋，破其腿攻，接

著快上右腳連發右翻背拳砸擊對手的面門，同時上體前傾，左手臂回護體前，使對手受到重創。（圖4-27、圖4-28）

圖4-27

【要點】右小臂應向裡旋擰，掛攔格擋於對手的腳腕處。右拳翻打要藉對手右腳回落之時打出，右拳、右腳配合一致，防守反擊要抓住時機。

圖4-28

解析16：

實戰時，對手突然從背後用右手抓拉我衣領欲進攻我時，我順勢左轉身，雙腳攆變成歇步，同時左手隨抓握住對手的右手，右掌直擊其襠、腹

圖4-29

要害，使對手受到重創。（圖4-29、圖4-30）

【要點】轉身蹲步快速，左手抓拉手臂與右手推擊襠、腹應協調配合，擰腰轉身，力達雙手。此招為敗中取勝之招法，一定要突然、果斷，同時在轉身時左手應在面前劃過，防止對手對我面部的攻擊。

圖4-30

圖4-31

解析17：

實戰時，對手
突然起中位右彈腿
踢擊我襠腹時，我
快動俯身含胸，用
左手向外撥攔破化
來腿，接著左腳向
前上步成左弓步，

圖4-32

連發右撩掌撩擊對手的襠部，同時左手回護體前，使對手
受到重創。（圖4-31、圖4-32）

【要點】左掌防化來腿準確有力，右掌由下向上可撩
擊或抓握襠部，蹬地轉腰發力，力達右手。此招俗稱撩陰
掌，技法效果明顯、毒辣，要因招而動，因勢而變。即在用
招時要因人、因境不同而慎重用之，避免承擔法律責任。

153

解析18：

實戰時，對手突然進步發中位側踹腿踢擊我腹、肋，我隨之右轉身閃化，且雙腿屈蹲成高位馬步，同時左手向後勾摟來腿，瓦解對手的腿攻，右手屈肘上架於頭上方，頭左轉，目視對手。（圖4-33）

【要點】左手摟勾腿準確，手腕上翹，閃身蹲步沉穩，腳趾抓地，右手上撐架與左手後勾摟形成合力。此招亦可變守為攻，在左轉身後順勢可用右手劈擊對手。

圖4-33

解析19：

實戰時，對手突然上步發右直拳擊打我面部，我快速轉身後撤右腳，同時用左掌礚架對手來拳，右手臂側展體側，接著左腿連發側踹腿狠踢對手的胸部，使對手受到重

創。（圖4-34、圖4-35）

【要點】側移步快捷，磕架掌有力，擰腰轉胯，直膝發力，力達腳底。運用此招時，要上身側倒，以增加攻擊距離和踢擊效果。

圖4-34

圖4-35

解析20：

實戰時，對手突然發左擺拳摜打我頭部，我隨即右手臂屈肘外擋來拳，同時右腳前移成右弓步，連發左掌由下向上撩擊其襠部，使之受到重創。（圖4-36）

【要點】雙手配合一致，右擋臂用力外撐，左手撩擊準確，呼氣發力，意念兇狠。

圖4-36

解析21：

實戰時，我突然上右腳發左彈腿、右衝拳，同時攻擊對手的面部與襠部，且左手回收腰間，使對手受到重創。（圖4-37）

【要點】搶攻時一定要果斷，要有猛虎下山之氣勢。

圖4-37

拳打腳踢形成上下立體攻勢，使對手防範困難。搶攻時一定要意在他先，體現出先下手為強的實戰理念。

解析22：

實戰時，對手連發右、左連環直拳攻擊我頭部，我隨之用連環右、左上托掌破解來拳，接著左腳蹬地向右腳內側跟進成併步，同時右拳經對手左手臂下方穿打其面頰，使之受到重創，目視拳方。（圖4-38至圖4-40）

【要點】連環托掌由下向上於體前立圓挑托，力達掌心。併步轉腰送肩，力達拳面。運用此招時，左手托掌後要有一個抓拉對手手臂的動作，為下一個右直拳的打擊創造有力的時機，避免對手逃脫。

157

圖4-38

圖4-39

圖4-40

解析23：

實戰時，對手突然轉身發高位旋擺腿擺踢我頭部，我左腳前移，同時雙手臂屈肘堵擋來腿，破化其腿攻，目視來腿方。（圖4-41）

圖4-41

【要點】左右手臂屈肘旋擰，小臂肌肉收緊，對接來腿的瞬間要閉氣抗擊。此招應用成功的關鍵在於進步搶勢，在對手腿技的行進過程中打擊，破壞其正常的發力點。

解析24：

實戰時，對手突然用右高邊腿搶踢我頭部，我隨動用雙手向外橫拍來腿，同時發左勾腿勾踢對手的支撐腿，使之失衡倒地，受到重創。（圖4-42）

【要點】右、左手分別拍擊對手的大、小腿，擰腰、轉胯、勾腳尖發力，力達觸點。運用此招時一定要進身果斷，不能遲疑，要藉由對手「起腿半邊空」之時，運用釜底抽薪法，打對手一個措手不及。

圖4-42

解析25：

實戰時，對手快步進身發右擺拳擊打我頭部，我左腳側閃步，身體下潛防化其拳攻，接著右腿發勾踢，雙掌發斜下方砍掌，攻擊對手的前支撐腿及後背，將其打翻在地，使之受到重創，目視對手。（圖4-43至圖4-45）

【要點】潛閃身及時，勾踢、砍掌有力，配合一致。運用此招時，雙手臂發力與腳的勾踢之力要形成剪刀力，這樣便極易將對手撂翻在地。

圖4-43

圖4-44

圖4-45

解析26：

實戰時，對手突然進步用左、右手貫拳打擊我頭部兩側，我隨之雙手臂屈肘上掛破化來拳，接著雙腳蹬地身體騰空，發右凌空彈腿反踢對手的頭部，雙手臂隨擺體側，目視對手。（圖4-46、圖4-47）

圖4-46

圖4-47

【要點】掛臂準確，蹬地有力，騰空輕飄，力達腳尖。
飛彈要藉雙手回掛對手頭部，出現空檔時起飛彈踢擊。

163

解析27：

實戰時，對手突然轉身變向掄臂發右劈拳砸擊我面部，我藉勢左腳上步成左弓步，雙手臂屈肘上架破化來拳，目視上方。（圖4-48）

【要點】雙手架臂由下向上要有捧頂之力，蹬地立腰，力達雙手。

圖4-48

解析28：

實戰時，對手突然轉身發左後蹬腿踢擊我心窩，我隨之收腹，左手回勾破化來腿，接著身體右轉連發左蹬腿反踢對手的臀部，將其踢倒在地，且右手隨擺體側，目視腿方。（圖4-49、圖4-50）

圖4-49

圖4-50

【要點】左手掛腳在體前走小弧形，蹬腿直線發力，力達腳底。運用此招時，左勾手應在蹬腿之後再泄力，以便使對手快速倒地。

解析29：

實戰時，對手突然從我背後用雙手擒拿我右手臂時，我順勢屈膝，沉身泄力，連發右後蹬腿狠踢其襠、腹部，使之受到重創，且我左臂側展於體左側，保持身體平衡，目轉視後方。（圖4-51、圖4-52）

圖4-51

【要點】俯身展腹發力，力達腳底，支撐腳抓地穩固。此招是「以腿破拿」的妙法，實戰過程中可使自己變被動為主動。

圖4-52

解析30：

實戰時，我突然上左步連發右上、左下直拳，同時搶攻對手的面部和心窩，使之受到重創，目視對手。（圖4-53）

【要點】上步快速，發拳有力，雙拳同打一致，雙手臂肘關節要微屈，力達拳面。此招要體現出「步到拳到，打人為妙」的效果。

圖4-53

解析31：

實戰時，對手突然潛身上步用雙手摟抱我右腿欲施摔技時，我左腳稍後撤，身體右轉，屈膝沉臀，用右手臂屈肘劈砸對手的後背，破解其進攻，使之受到重創，目視拳方。（圖4-54）

圖4-54

167

【要點】沉臀、發拳相合一體，左臂展開以助身體平衡。此招藉對手抱腿前衝之力向下劈擊，是借力發力之妙法，極易使對手前衝倒地。

解析32：

實戰時，對手突然上左步用右手抓推我胸部，我疾速雙腿屈蹲成高位馬步，身體稍右轉，同時雙手臂屈肘由外向內錯擊對手肘關節與腕關節，使之受到重創，目視對手。（圖4–55、圖4–56）

【要點】沉身轉腰與雙臂錯肘要配合一致、有力。我雙手臂內錯要有剪刀之力，此招殺傷力巨大，對手中招後極易骨斷筋折，故用招時要慎之又慎。

圖4–55

圖4–56

解析 33：

實戰時，對手突然進身用左掃拳掃擊我頭部，我急速用左手刁抓來拳手腕，接著沉身且左轉腰，猛發右衝拳擊打其左側軟肋處，使之受到重創，目視拳方。（圖4-57、圖4-58）

圖4-57

【要點】刁腕準確牢固，蹬地轉腰，送肩出拳，力達拳面。運用此招法時上體要稍前傾，以助拳力。

圖4-58

169

解析34：

實戰時，對手欲用雙手抓控我右手腕時，我屈肘回拉右手臂，同時發左彈腿猛踢對手的襠部要害，使之受到重創。（圖4-59、圖4-60）

【要點】回拉右手突然，彈腿彈

圖4-59

踢準確，力達腳尖。運用此招時，要藉對手抓控我手臂時，再施以彈踢，使對手不易逃脫，且踢擊效果明顯。

圖4-60

解析35：

實戰時，對手突然快起右、左連環彈腿踢擊我襠、腹時，我隨勢收腹，用右手臂向左掛磕其右彈腿，接著回移右腳，依次用右手反背拳砸壓

圖4-61

對手左彈腿的進攻，破化其腿攻。（圖4-61、圖4-62）

【要點】活肘甩臂，接位準確、有力，收腹轉腰收腳，旨在縮小身體的受擊面積。

圖4-62

解析36：

實戰時，對手突然起左高位邊腿踢擊我頭部，我隨用右臂屈肘外擋來腿，接著進步用左拳劈砸其頭部，使之受到重創。（圖4-63、圖4-64）

圖4-63

【要點】擋臂有力，進身、劈拳緊密連貫，蹬地轉腰，送肩發力，力達拳輪。運用此招防守時需要有過硬的鐵臂功，無功者慎用。

圖4-64

解析37：

實戰時，對手突然上步用左直拳攻打我面部，我隨即用左手臂上挑破化來拳，隨之左手翻腕，抓握住對手左手手腕，右腳側上步，身體蹲變成馬步，用右拳直臂衝打其左側肋要害，使之受到重創。（圖4-65、圖4-66）

圖4-65

【要點】左手挑臂迎頭而上，落步衝拳快速一致，力達拳面。此招左手臂上挑翻腕抓握對手左手腕時要有纏黏之勁，使對手無法逃脫，以便體現出「控打合一」的技擊效果。

圖4-66

第二節　彈腿技法的奇招妙用

戰例1：

雙方交手，我突然快起發右低彈腿、高彈腿連環踢擊對手的膝部和面部，使對手受到重創。（圖4-67至圖4-69）

【要點】右腿連環彈踢緊密連貫，蹬

圖4-67

地轉腰發力，力達腳尖，體現出「腿踢連環人難防」的實戰效果。

圖4-68

圖4-69

戰例2：

雙方交手，我
用右手狠抓並下拉
對手的頭髮，對手
隨用雙手抓推破
招，接著我變招連
發左彈腿狠踢對手
的面門，使對手受
到重創。（圖4-
70、圖4-71）

圖4-70

【要點】右手抓發下拉與左彈腿上踢形成合力，彈腿
快準兇狠，力達腳面。傳統拳講「固打最兇險」。右手抓
控對手頭髮使對手無法逃脫，為彈腿的進攻奠定了良好的

175

圖4-71

基礎，同時「踢面湧血」，極易使對手產生膽怯、恐懼的心理。

戰例3：

雙方交手，我快發右低位彈腿狠踢對手的襠部，對手後閃防化，接著我右腳下落補發左高彈腿追踢對手的面門，使對手受到重創。（圖4-72、圖4-73）

【要點】連環彈腿準確，快捷兇猛，落步轉腰發力，力達腳尖。連環彈腿左右開弓，極易撕破對手的防線，令對手防不勝防。

戰例4：

雙方交手，我用右腿蹬踢對手的心窩，被對手用雙手鎖控住腳腕施以後拉，我順勢向左轉身雙手撐地，上體下

圖4-72

圖4-73

俯連發左彈腿向下踢擊對手頭部，使對手受到重創。（圖
4-74、圖4-75）

圖4-74

圖4-75

【要點】轉身倒地連貫，雙手推撐地面有力，左彈腿快猛。對手鎖控擒抱我腳腕時，我不能反力硬頂，要順勢化勁。此招為敗中取勝之奇招，右腿藉對手鎖拉之力起支撐作用，為左腿的踢擊創造了機會，起到一招制勝的作用。

戰例5：

雙方交手，對手進步向上發右勾拳勾打我下頜，我疾用右手屈肘橫壓破化來拳，同時起後位左腿彈踢對手的襠部，使對手受到重創。（圖4-76）

【要點】右手屈肘下拍有力，左彈腿快速

圖4-76

準確，右腳支撐地面時腳趾抓扣地面，使身體穩固，保持平衡。此招體現了「防中有攻人難走」的技擊效果。

戰例6：

雙方交手，對手快發左擺拳攢打我頭部，我側閃右步，身體下潛避化對手來拳，同時連發左彈腿狠踢對手的襠腹部，使對手受到重創。（圖4-77、圖4-78）

圖4-77

179

圖4-78

【要點】潛身下閃及時，彈腿擰腰，轉胯發力，力達腳尖。此招是傳統武術中的高級技法，成功運用閃化，對手即使有再大的攻擊力也會使其化為泡影。使用此招時須有超人的膽量和精熟的技法，一閃一彈須緊密無間，做到零時間差。

戰例7：

雙方交手，對手進身快發直拳打擊我面門，我用右手向外刁抓來拳腕部，破化其進攻，同時快起右彈腿狠踢對手的襠部，使對手受到重創。（圖4-79、圖4-80）

【要點】力達右手五指與右腳腳尖。我起右手時要由下向上經面前而過，一可以保證自己的面部不被擊中，二可以順勢轉腰抓拉對手的手腕。我右手刁抓對手的手腕時

圖4-79

圖4-80

要向外走弧形，刁抓後要用力向後猛拉對手，與右腿彈踢
形成前後的爭力。

戰例8：

雙方交手，對手突然從身後抓拉我頭髮，我順勢右轉身，同時用雙掌向下疊壓扣折對手的雙手腕，然後連發右低彈腿，狠踢對手襠部，使對手受到重創。（圖4-81至圖4-83）

【要點】轉身藉勢而為，疊壓對手雙手掌有力，彈踢快速準確。我雙手疊壓

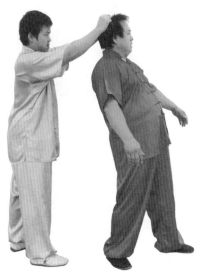

圖4-81

對手手腕時，頭部應向上頂，從而形成扣折之力，使其難以逃脫，造成對手被我上下雙打的被動局面。

圖4-82

圖4-83

戰例9:

　　雙方交手，
對手突然進身用
右直拳擊打我面
部，我疾速後移
身體閃躲，同時
起前腿用右高彈
腿踢擊對手的
肘、臂，破解來
招，使對手受到
重創。（圖4-84）

圖4-84

　　【要點】後閃身及時，高彈腿準確，力達腳面。以腿
破拳，屬奇招妙法，制勝效果絕佳。

彈腿拳

戰例10：

雙方交手，對手突然用右高邊腿踢擊我頭部，我疾速側身後閃，同時發左高位彈腿由下向上架踢對手右腿後側破化來招，也可將對手踢倒在地，使對手受到重創。（圖4-85）

【要點】閃身及時，左高彈腿由下向上直線發力，力達左小腿，形成以直破橫的運動軌跡。以腿破腿，不失為腿攻之妙法。

圖4-85

戰例11：

雙方交手，我突然從對手身後抓住其衣領向下拉扯，同時發右彈腿狠踢對手的臀部尾骨要害，使對手受到重創。（圖4-86、圖4-87）

圖4-86

圖4-87

【要點】下拉衣領與上踢尾骨配合一致，發腿快猛準確。此招法屬於偷襲之技，下手必須果斷，不給對手以喘息的機會。

185

戰例12：

雙方交手，對手突然搶步用雙掌推擊我胸部，我藉勢身體向後倒，連發右彈腿猛踢其襠部，使對手受到重創。（圖4-88、圖4-89）

【要點】右彈腿要藉勢發力，力達腳

圖4-88

面。胸部受擊時，身體順勢後倒，將對手的雙手之力化掉。如對手雙手力量過大時，我亦可做後倒地姿勢，保護自我。此招為借招打招、借力還力的典型招法。

圖4-89

第五章
彈腿拳學練指點

第一節　夏季訓練指點

1. 熱身活動講究科學

準備活動以提高體溫和心率、增加關節和肌肉柔韌性、加快神經和肌肉回應速度為目的。夏季人體能量消耗大，熱身活動要保持適當的運動量，重點活動參與運動的關節、肌肉和韌帶。如果熱身運動量過大，會使身體在準備活動中感到疲勞，正式訓練時不能處於最佳狀態，容易造成肌肉拉傷。因此，熱身活動應安排在室內、綠蔭等陰涼環境中進行，準備活動結束至正式訓練開始前也應適當間隔1～4分鐘。

2. 合理選擇訓練時間

夏季清晨雖然天氣涼爽，但近地面逆溫層使空氣污染物不易擴散。因此，不宜在清晨進行高強度的武術訓練，避免過多地吸入有害物質，誘發咽喉、氣管等疾病。夏季陽光充足，上午十一時至下午四時紫外線照射最強，因此武術訓練如果在室外進行，應儘量安排在上午十時以前。

3. 注意訓練安全

天氣炎熱會使人心情浮躁，注意力不集中，容易造成訓練損傷。所以武術訓練中應注意變換訓練方法，以增強武術訓練的趣味性。在夏季訓練時還要注意從呼吸、臉色、排汗等方面判斷訓練的疲勞程度，提前採取有效措施，避免中暑，防止因出汗多而虛脫。

4. 降低炎熱環境對身體的危害

在炎熱或濕度很大的環境中進行武術訓練時，人體會因大量出汗而失去許多的水和礦物質，若在24小時內得不到充足的體液補充將會導致脫水，嚴重的會引起熱痙攣、熱衰竭等疾病，甚至威脅生命。脫水一般是指人體失去占體重1％以上的體液（約700毫升）。當脫水達到3％時將使運動能力下降，影響健康；若脫水程度大於7％就十分危險了；達到20％時，就會出現皮膚出血、乾裂現象，這是耐受脫水能力的上限，再繼續脫水將會導致死亡。

急性脫水的症狀是噁心、注意力不集中、輕微頭痛、易怒、易疲勞。慢性脫水的症狀是胃口不好、褐色（黃色）尿、尿少或無尿、頻繁的肌肉抽筋等。

因此，在炎熱的環境中訓練時，要防止熱疾病的發生必須及時補充體液。

5. 培養良好的運動習慣

夏季潮濕悶熱的氣候容易引發皮膚感染，加之運動排

汗，運動後要注意個人衛生，及時用溫水洗澡，保持皮膚乾淨清爽，勤換衣服。要注意增加綠豆粥等碳水化合物和瘦肉、魚肉、蛋、奶、豆製品等富含蛋白質食物的攝入量。夏季日長夜短，天氣悶熱，晚上睡眠品質不高，應適當延長午休時間，保證身體休整和體能儲備。

此外，還有「三不宜」：

1. 不宜赤膊露背

赤膊露背只能在皮膚溫度高於環境溫度時，才能起到降溫作用。酷暑之日，最高氣溫一般都接近或超過37攝氏度，皮膚不但不能散熱，反而會從外界環境中吸收熱量，而且強烈的紫外線直接照射在皮膚上還會引起皮膚疾病。

2. 不宜降溫過快

訓練後會大汗淋漓，這時揭開衣服猛吹風扇，或在過冷的空調下直吹都是不可取的。

因為運動後毛孔處於擴張狀態，突然遇到冷的刺激，毛孔就會迅速收縮，關閉汗腺，這樣更使人感到熱不可耐，而且還容易造成傷風感冒。

3. 不宜喝水過猛

出汗後如果大量地喝水會突然加重心臟的負擔，稀釋胃液，影響消化，並引發多種疾病。訓練後補水要堅持適量適時、少量多次、逐漸補充的原則，同時溫稀鹽水是最佳的運動飲料。

不推薦使用含碳酸的飲料如可樂、汽水，以及含酒精、咖啡因的飲料，因為這些飲料會增加排尿量或加重身體脫水狀況，從而影響訓練的品質。

在高強度訓練時，要優先選擇將能量（碳水化合物）、電解質（鈉、鉀、鈣、鎂、磷）、維生素等營養物質聚合到一起的專業運動飲料，以便快速有效地補充能量和身體內所流失的電解質及維生素。

第二節　清理人體內環境

1.清除肌肉的銹蝕

當人體肌肉負擔過重時，如果攝入的維生素供應不足，就會使肌肉受到不可逆轉的傷害。這種傷害就像鐵與氧發生化學反應後遭到銹蝕一樣，最後可能導致肌肉組織萎縮乃至壞死。

維生素 C 和維生素 E，對於清除體內銹蝕十分有效，所以在日常生活中應多吃富含這兩種維生素的食物。

富含維生素 C 的食物有鮮棗、刺梨、酸棗、奇異果、紅果、柑橘、芒果、草莓、苦瓜、石榴、油菜、菠菜等。

富含維生素 E 的食物有麥胚油、魚肝油、菜籽油、花生油、豆油、芝麻、牛奶、雞蛋和動物的心、肝、腎等。

2.清除人體內的自由基

自由基是人體氧化過程中的副產物，包括超氧陰離子

自由基、過氧化氫及羥自由基，它們主要損害人體內的去氧核糖核酸、膠原蛋白，破壞組織細胞。因此，日常生活中應多吃「還原食物」，「還原食物」含有超氧化物歧化酶、過氧化氫酶、脫甘肽過氧化物酶等，能增強人體內抗氧化系統的實力，保持內環境清潔，清除危害健康的隱患。「還原食物」主要有菠菜、韭菜、南瓜、菜辣椒、番茄、大豆、小白菜、花生、芝麻、開心果、松子、杏仁、糙米等。

3. 清除體內的酸性成分

在正常情況下，人體保持弱鹼性的狀態。血液中的鹼性成分與酸性成分大致平衡，鹼性略多一些，呈弱鹼性狀態。如果酸性過多，人體就會成為多種疾病的溫床。

科學研究表明，70％的疾病均發生在酸性體質的人身上。因此，平時應少吃酸性食物，雞、鴨、魚、肉、蛋、糖、酒是增加人體內酸性成分的元兇，必須節制。

而海帶、柑橘、蘿蔔、香蕉、紅薯、茄子、黃瓜、豆腐、腐竹、香菇等鹼性食物，可使血液維持在略呈鹼性並保持正常的狀態，則可以多吃。

4. 清理血管的油脂

人的血管壁上如果附著過多的脂肪，會使血管變細、變硬，使血液流通不暢，導致四肢麻木，所以必須經常清理血管壁上的沉積物。

方法1：亞麻種子1千克，每次（晚上）取亞麻種子30

克，兌水1000毫升，燒開，放涼，浸泡，早上把液體（約850毫升）過濾出來，然後空腹喝40～50毫克，晚飯前1小時再喝一次，5天喝完。以後再如法炮製2次，即連喝15天。一個月後再重複飲用。

方法2：取香芹根1千克，帶根芹菜1千克，檸檬2個，全都投入攪碎機中攪碎後，加入蜂蜜300克，混合均勻後，放入冰箱中備用，每天早晨空腹服用3湯匙。

方法3：做增強四肢毛細血管功能的運動。平躺在地板上，頭部枕個直徑在150～200毫米的圓木柱，然後向上舉起雙手及雙腳，腳掌與地面平行（即腳掌朝天），以這種姿勢雙手雙腳開始顫動。早晚各做一次，3分鐘即可，要天天堅持。

第三節　如何科學安排膳食

武術人在膳食結構和營養搭配上通常存在以下問題：

1. 蛋白質攝入過多

肌體會將蛋白質轉變為脂肪儲存在體內，體內脂肪過高不但影響體重，還會使身體呈現不同程度的酸化，並易產生疲勞感。

2. 不注意碳水化合物的補充

碳水化合物進入人體後以肝糖原和肌糖原的形式儲存在體內，在運動中，糖原的無氧供能起著極大的作用，在

儲備的磷酸肌酸消耗完後，即被調動參與供能，在肌糖原供能不足時就會調動肝糖原，如果長期調動肝糖原，就會影響到肝臟的功能。

3. 過度降低總能量的攝入

控制體重時，不能一味地降低總能量的攝入或某一營養素的攝入，要從整個膳食結構上來調整，且能量攝入要能充分保證訓練的正常進行。

4. 一次進食過多

進食過多會造成過於強烈的飽腹感，這時就會加大中樞神經的負擔，從而影響訓練的正常發揮。

正確的膳食結構應該從以下幾個方面加以注意：

（1）在飲食的搭配中，應以高碳水化合物的食物為主，每天總熱量的攝取應占總熱量攝入的65％左右。在耐力訓練期間可適度加大碳水化合物的攝入。

（2）根據武術訓練的強度，對蛋白質含量豐富的食物進行適當的調整，訓練較多時，適量增加富含蛋白質的食物，減少一些富含碳水化合物的食物，從而在總熱量攝入上保持不變，體重才能得以維持。如發展絕對力量期間可適度加大蛋白質的攝入。

（3）由於武術訓練時能量消耗很大，體內的維生素和礦物質也會在訓練中丟失許多，特別是電解質和不易存活在體內的水溶性維生素會大量缺乏。所以，還應選擇在補充足夠熱量的同時，增加富含維生素、礦物質豐富的食

物。

（4）由於長期的武術訓練，體內會堆積大量的有毒物質，這時可適量補充一些富含纖維素的食物，以排除體內的一些毒素，給身體一個相對潔淨的環境。同時也儘量避免高油脂食物，如炸薯條、巧克力等。

碳水化合物含量較高的常見食物有饅頭、麵條、麵包、米飯、綠豆等；蛋白質含量較高的常見食物有牛肉、豬肉、羊肉、蝦、雞蛋、大豆等；在脂肪的選擇上，儘量多地選擇植物性油脂，如菜籽油、沙拉油等，儘量減少動物性油脂的攝入。

礦物質和維生素主要存在於蔬菜和水果裡面，富含膳食纖維的食物主要有燕麥片、全麥麵包，膳食纖維也廣泛存在於蔬菜和水果中。

第四節　如何科學補水

1. 訓練前補水

在訓練前20～30分鐘需要補充一定量的運動飲料，這個量可以根據運動員的體重來定，以75公斤體重的運動員為例，飲用運動飲料150～250毫升為宜。

2. 訓練中補水

大強度的訓練中，隨著體液的散失，體內的糖原物質、礦物質和水分流失最多。這時如果不及時補充能量和

水分，運動能力將會急劇下降。

在訓練過程中，主要供給能量的能源物質是肌肉裡貯藏的肌糖原，當肌肉中肌糖原被消耗掉一部分以後，肝臟中貯存的肝糖原立即分解成葡萄糖進入血液（在血液中的葡萄糖叫作血糖），經血液運輸到肌肉，再轉變為肌糖原，供繼續訓練時運用。

訓練時因為肌糖原隨時得到補充，所以實際消耗的並不多，而主要消耗掉的是肝糖原。而人體中肝糖原的貯存量一般大約為500克，數量是有限的。

長時間訓練時，肝糖原貯存量漸漸下降，當下降到一定程度時，分解成葡萄糖的過程就變得遲緩了，而這時肌糖原仍然在消耗著，於是血糖含量就會降低。

血糖降低後，腦細胞的工作能力也會下降，這時就會出現頭暈、出虛汗、四肢無力等現象。血糖嚴重下降時，也可能暈倒，引起休克。如果運動中缺鈣，神經反應能力就會下降，肌肉的收縮能力也會相應下降，嚴重時可能伴隨抽筋等現象發生。所以在訓練中，應每隔15分鐘左右補充一次功能性飲料和水，補水的量應控制在每次補水120～240毫升，切忌一次性大量補水。

3. 訓練後補水

訓練時的大量出汗，會損失體內的一些鹽分。如果在訓練以後大量飲水卻不補充鹽分，那麼水分經胃腸道吸收以後，一部分水很快變成汗繼續排出體外，這時又會攜帶一部分鹽分出去，身體裡的鹽分就會更加缺乏。

　　人體裡的水分和鹽分之間是有一定比例的，就是說人體裡的液體要有一定的濃度，鹽分太少時濃度就會降低，而為了保持原有的正常濃度，水分就更容易排出，這樣一來，出汗也就會更多，水分和鹽分就損失得更多。所以在訓練後，可少量多次，逐漸補充糖鹽水（糖多鹽淡）。

　　在補充水分的同時，可加入適量的助恢復並增強體能的營養補劑（如蛋白粉、肌酸、谷氨醯胺、支鏈氨基酸等），以達到快速恢復體能的目的。

　　此外，訓練後應及時稱量體重，對比訓練前的體重下降情況及時補充水分。一般來說，體重下降多少就補充多少，同時要注意每一次補充時，不能一次性補足丟失的水分，每次最好不要超過600毫升，防止對腸胃的刺激過大。

附錄
中國武術段位制

第一章　總　則

第一條　為增強人民體質，推動武術運動的發展，提高武術技術和理論水準，建立規範的武術鍛鍊體系和技術等級評價標準，特制定中國武術段位制（以下簡稱段位制）。

第二條　段位制是一種根據個人從事武術鍛鍊和武術活動的年限，掌握武術技術和理論水準、研究成果、武德修養，以及對武術發展所做出的貢獻，全面評價習武者武術水準等級的制度。

第二章　段位等級

第三條　武術段位制設晉級和晉段兩部分

（一）段前級：由低至高依次設置為：一級、二級、三級

（二）段位：初段位、中段位、高段位，由低至高依次設置分別為：

初段位：一段、二段、三段

中段位：四段、五段、六段

高段位：七段、八段、九段

（三）榮譽段位：榮譽中段位、榮譽高段位，由低至高依次設置分別為：

榮譽中段位：榮譽四段、榮譽五段、榮譽六段

榮譽高段位：榮譽七段、榮譽八段、榮譽九段

第三章　晉級和晉段

第四條　晉級和晉段對象

武術段位適用對象是從事和參與武術運動，自願申請晉級、晉段者。榮譽段位只授予對武術發展做出一定貢獻和重大貢獻者。

第五條　晉級和晉段標準

由中國武術協會審定出版的《中國武術段位制系列教程》（以下簡稱《系列教程》）是武術段位制理論和技術考評的標準。各段級技術考評，每項以10分為滿分。各段理論考評，以100分為滿分。高段位答辯以100分為滿分。

（一）段前級標準

1. 接受武德教育，能正確運用武術禮節。

2. 凡參加武術基礎鍛鍊，基本掌握《系列教程》中段前級的內容，或相當於段前級內容的武術項目基本動作。

3. 年齡在6周歲以上，可申請晉升1至3級。

4. 獲得一級達半年以上可申請晉升二級，獲得二級達半年以上可申請晉升三級。

（二）初段位標準

1. 一段：凡取得三級資格達1年以上，年齡在11周歲

以上，遵守武德、武術禮儀，準確掌握《系列教程》中任一拳種的一段內容，或相當於《系列教程》一段動作編組成的相應套路；或散打的拳、腿組合空擊，拳法、腿法分別不少於3種。技術考評成績達7分以上，理論考評成績達70分以上，可申請晉升一段。

2. 二段：凡獲得一段達1年以上，遵守武德、武術禮儀，準確掌握《系列教程》中任一拳種的二段內容，或相當於《系列教程》二段動作編組成的相應套路；或散打的拳、腿、摔組合空擊，拳法、腿法、摔法分別不少於3種。技術考評成績達7.5分以上，理論考評成績達70分以上，可申請晉升二段。

3. 三段：凡獲得二段達1年以上，遵守武德、武術禮儀，準確掌握《系列教程》中任一拳種三段內容的一項拳術和一項器械；或相當於《系列教程》三段動作編組成的相應套路；或散打的拳、腿、摔組合打靶，拳法、腿法、摔法分別不少於3種。兩項技術考評成績達15分以上，理論考評成績達70分以上，可申請晉升三段。

（三）中段位標準

1. 四段：凡獲得三段達2年以上，注重武德修養；在規定的考評中，進行理論考評；熟練掌握《系列教程》中任一拳種的四段內容的一項拳術和一項器械，或相當於《系列教程》四段動作編組成的相應套路；或散打的拳、腿、摔組合打靶和實戰1分鐘（*拳法、腿法、摔法分別不少於4種*），在散打比賽中獲得規定錄取名次。兩項技術考評成績達16分以上，理論考評成績達75分以上，可申

請晉升四段。

2. 五段：凡獲得四段達2年以上，注重武德修養；在規定的考評中，進行理論考評；熟練掌握《系列教程》中任一拳種的五段內容的一項拳術和一項器械，或相當於《系列教程》五段動作編組成的相應套路；或散打的拳、腿、摔組合打靶和實戰2分鐘（拳法、腿法、摔法分別不少於4種），在散打比賽中獲得規定錄取名次。兩項技術考評成績達17分以上，理論考評成績達80分以上，可申請晉升五段。

3. 六段：凡獲得五段達2年以上，注重武德修養；在規定的考評中，進行理論考評；熟練掌握《系列教程》中任一拳種的六段內容一項拳術和一項器械，或相當於《系列教程》六段動作編組成的相應套路；或散打的拳、腿、摔組合打靶和實戰2分鐘（拳法、腿法、摔法分別不少於4種），在散打比賽中獲得規定錄取名次。兩項技術考評成績達18分以上，理論考評成績達85分以上，可申請晉升六段。

（四）高段位標準

1. 七段：凡獲得六段達6年以上，年齡在45歲以上；系統掌握某拳種的技術體系和理論體系，並取得一定的成就；理論考評和答辯兩項成績達160分以上；在武術工作業績、武術理論研究成果（公開發表論著）等方面取得一定成就，且武德優秀者，可申請晉升七段。

2. 八段：凡獲得七段達7年以上，年齡在52歲以上；熟練掌握兩種以上拳種的技術體系和理論體系，並取得較

高成就；理論考評和答辯兩項成績達170分以上；在武術
工作業績、武術理論研究成果（公開發表論著）等方面取
得突出成就，且武德優秀者，可申請晉升八段。

3. 九段：凡獲得八段8年以上，年齡在60歲以上，精
通3種以上拳種的技術體系和理論體系，並取得重大成
就；理論考評和答辯兩項成績達180分以上；在武術工作
業績、武術理論研究成果（公開發表論著）等方面取得重
大成就，並對武術運動的發展做出卓越貢獻，且武德高尚
者，可申請晉升九段。

（五）榮譽段位的標準

對武術事業的發展做出突出貢獻的知名人士，可由基
層段位考評機構逐級申報，經中國武術協會審核後，授予
相應的武術榮譽段位。榮譽段位設榮譽中段位（四、五、
六段）和榮譽高段位（七、八、九段）。

（六）獎勵段位的標準

1. 獎勵條件：為武術事業做出突出貢獻，或在武術競
賽、武術理論研究中取得突出成績。

2. 獎勵範圍：已獲得一段至七段者，可不受年齡，不
受晉段時間限制，獎勵提前晉升1段；但不得進行越段晉
升獎勵。無段位者，獎勵在一段至七段間進行套評或套考
相應段位，初次套評或套考段位不得超過七段。

3. 獎勵次數：同一受獎者，最多只能享受2次獎勵。

第四章　管理和考評

第六條　中國武術協會是武術段位制管理和考評的最

高機構。下設段位制辦公室、考評委員會、監察委員會。負責審批段位等級、監察段位制工作的實施、頒發武術晉級、晉段證書、徽飾及服裝。

第七條 中國武術協會一級單位會員，可申請成立一級考評機構。經中國武術協會批准並授權，負責段前級、初段位、中段位的培訓、考評等工作。

第八條 一級段位考評機構，可在本地區、本單位內開展段前級和一至六段的培訓、考評工作，負責將本地區的段位考評結果上報中國武協備案，申請發放段位證書及徽飾。

第九條 一級段位考評機構，負責接受並審核高段位申請材料，向中國武協推薦和報送高段位申請材料。

第十條 一級段位考評機構，可申請承辦中國武協主辦的區域性、全國性和國際性武術段位制培訓和考評活動。

第十一條 區域性一級考評機構，負責審核本地區申請設立二級考評機構的單位會員是否符合申報條件，並將符合條件者報送中國武術協會審批。

第十二條 二級段位考評機構，可在本地區內開展段前級和一至三段位的培訓、考評工作，負責將考評認定結果上報一級段位考評機構。

第十三條 各級考評機構下設考評委員會或考評小組，負責段位考評和評定工作。考評成員必須具有符合要求的段位等級和中國武術協會頒發的「中國武術段位制考評員資格證」。

第十四條　獲得中國武術協會頒發的「中國武術段位制考評員資格證」者，在普及《中國武術段位制系列教程》過程中，可根據從習者掌握技術水準的情況，對其學生予以技術水準認定。其中，具有高段位者可對其學生進行四段以下技術水準的認定，具有中段位者可對其學生進行三段以下技術水準的認定。該認定屬於推薦性認定。必須嚴格按照中國武術段位制有關規定和標準實行，並接受段位考評機構的審核。

第十五條　各級考評機構按照中國武協頒發的《中國武術段位制》檔開展培訓、考評、審核和管理工作。

第五章　申報與考評

第十六條　申請晉級、晉段者，按照考評機構發佈的申報晉級、晉段時間，提交申請書及相應材料。

第十七條　凡舉辦段位考評活動，須提前2個月以上公告考評的時間、地點和相關要求。

第六章　認定與授予

第十八條　各級考評機構在其許可權內，對申報晉級、晉段者的考評結果進行認定，並將考評認定結果逐級報送到中國武術協會。

第十九條　中國武術協會對各考評機構報送的考評認定結果進行審批後，授予相應的段位元等級並頒發證書和徽飾。

第七章　證書、徽飾與服裝

第二十條　服裝、證書和徽飾由中國武術協會統一設計，指定專門的企業單位制作和發放。徽飾標誌為：

段前級：一級（青色熊貓）；二級（銀色熊貓）；三級（金色熊貓）

初段位：一段（青鷹）；二段（銀鷹）；三段（金鷹）

中段位：四段（青虎）；五段（銀虎）；六段（金虎）

高段位：七段（青龍）；八段（銀龍）；九段（金龍）

第八章　權　利

第二十一條　獲得武術段位等級者，具有參加中國武術協會主辦或組織的競賽、培訓、科研等活動的資格。

第二十二條　獲得中段位以上者，具有申報相應等級中國武術協會社會武術指導員資格。

第二十三條　獲得中段位以上並獲得「中國武術段位制考評員資格證」者，具有在中國武術段位制中擔任晉段、晉級考評委員，在培訓中擔任段位指導員，在武術學校、武術館和俱樂部中擔任教練員的資格。

第九章　義　務

第二十四條　自覺遵守武術段位制的相關制度，維護

武術段位制的聲譽。

第二十五條 熱愛武術事業，積極參與各類武術活動。

第十章 處 罰

第二十六條 獲得武術段位等級者，出現以下情況之一，中國武術協會將根據情節給予警告、通報批評和註銷其段位資格證書等處罰。

1. 用不正當手段獲得證書和更改、偽造證書。

2. 喪失武德，思想品德差，利用段位證招搖撞騙，擾亂社會治安。

3. 其他各種不良行為和違法亂紀行為。

第十一章 其 他

第二十七條 中國武術協會制定的《〈中國武術段位制〉管理辦法》與本制度配套執行。

第二十八條 本制度自發佈之日起施行。解釋權屬中國武術協會。

太極武術教學光碟

歡迎至本公司購買書籍

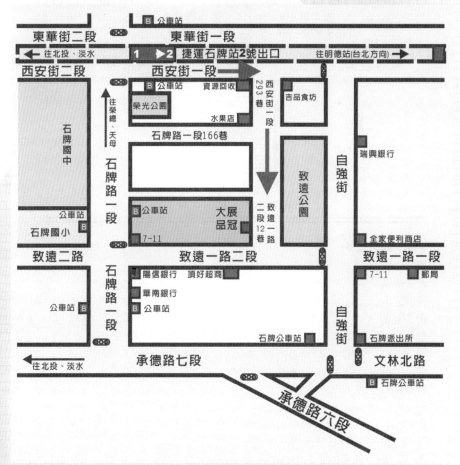

建議路線

1. 搭乘捷運‧公車

　　淡水線石牌站下車，由石牌捷運站2號出口出站（出站後靠右邊），沿著捷運高架往台北方向走（往明德站方向），其街名為西安街，約走100公尺（勿超過紅綠燈），由西安街一段293巷進來（巷口有一公車站牌，站名為自強街口），本公司位於致遠公園對面。搭公車者請於石牌站（石牌派出所）下車，走進自強街，遇致遠路口左轉，右手邊第一條巷子即為本社位置。

2. 自行開車或騎車

　　由承德路接石牌路，看到陽信銀行右轉，此條即為致遠一路二段，在遇到自強街（紅綠燈）前的巷子（致遠公園）左轉，即可看到本公司招牌。

國家圖書館出版品預行編目資料

彈腿拳／武兵 著
——初版，——臺北市，大展，2017〔民106.09〕
面；21公分 ——（中華傳統武術；24）
ISBN 978－986－346－175－3（平裝）
1.武術　2.中國
528.97　　　　　　　　　　　　　106011667

彈 腿 拳

著　　者／武　　兵
責任編輯／岑 紅 宇
發 行 人／蔡 森 明
出 版 者／大展出版社有限公司
社　　址／台北市北投區（石牌）致遠一路2段12巷1號
電　　話／（02）28236031・28236033・28233123
傳　　眞／（02）28272069
郵政劃撥／01669551
網　　址／www.dah-jaan.com.tw
E－mail／service@dah-jaan.com.tw
登 記 證／局版臺業字第2171號
承 印 者／傳興印刷有限公司
裝　　訂／眾友企業公司
排 版 者／弘益電腦排版有限公司
授 權 者／安徽科學技術出版社
初版1刷／2017年（民106）9月

定 價／250元

大展好書　好書大展
品嘗好書　冠群可期